CONSEIL DE GUERRE DE LA PROVINCE DE CONSTANTINE

AFFAIRE

DE

L'OUED-MAHOUINE

PARIS
E. DENTU, LIBRAIRE-ÉDITEUR
PALAIS-ROYAL, 17 ET 19, GALERIE D'ORLÉANS

1870

CONSEIL DE GUERRE DE LA PROVINCE DE CONSTANTINE

AFFAIRE

DE

L'OUED-MAHOUINE

PARIS

E. DENTU, LIBRAIRE-ÉDITEUR

PALAIS-ROYAL, 17 ET 19, GALERIE D'ORLÉANS

1870

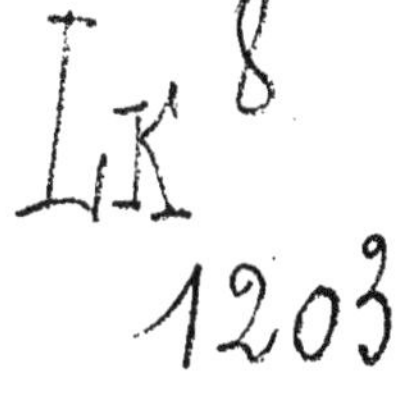

CONSEIL DE GUERRE

DE

LA PROVINCE DE CONSTANTINE

AFFAIRE DE L'OUED-MAHOUINE

L'affaire de l'Oued-Mahouine, qui vient d'avoir son dénouement judiciaire devant le 1er conseil de guerre de Constantine, restera comme un exemple de ce que peut faire la passion politique pour essayer de soulever la conscience publique contre un gouvernement et contre ses agents. Longtemps avant l'ouverture des débats, il était devenu évident que de ce procès on aurait voulu tirer un scandale immense. L'occasion semblait belle. Vingt-quatre personnes tuées, une caravane pillée dans les gorges de l'Oued-Mahouine! L'événement était horrible. A peine le connaissait-on, qu'un journal le racontait et le commentait en chargeant son récit de détails imaginaires destinés à ajouter encore, si c'était possible, à l'horreur du forfait. Plus le crime serait épouvantable, plus les coupables seraient rendus odieux, et c'était sur l'autorité militaire elle-même, sur un officier supérieur investi du commandement d'un cercle, sur un chef de bureau arabe placé sous ses ordres, que l'on espérait faire retomber la responsabilité du sang versé et du vol commis. Ces intentions n'étaient ignorées de personne; on ne s'en cachait pas d'ailleurs. Une fois les faits mieux établis, on comprit que le procès aurait un caractère entièrement politique et qu'il ne pouvait pas en avoir un autre. Quiconque connaissait la situation du pays qui avait été le théâtre du drame, savait bien que dans cette région où les tribus tunisiennes sont sans cesse en guerre, tantôt entre elles, tantôt avec les nôtres, il y avait souvent de sanglantes représailles;

mais le massacre d'une caravane pouvait-il être regardé comme un fait de guerre? On a voulu y voir un crime de droit commun, et si l'on a si vivement insisté pour que la justice fût saisie, c'est parce qu'on se flattait de trouver là le pendant de l'affaire Doineau. L'instruction à laquelle il a été procédé n'a certes rien négligé pour recueillir tout ce qui pouvait être mis à la charge des prévenus, et le zèle qui animait le capitaine rapporteur a été poussé si loin que le commissaire impérial spécial, c'est-à-dire le ministère public, s'est fait un devoir de signaler la passion que respirent les rapports mêmes servant de base à l'accusation.

Ces rapports ont été lus dans la première séance du conseil de guerre. Ils résument l'information, mais avec des développements si considérables qu'il n'a pas fallu moins de huit heures pour en achever la lecture. C'est un immense travail, plein d'inutiles longueurs et qui a fourni plus de 250 pages d'impression; nous ne saurions songer à le reproduire ici, et, pour l'intelligence du procès, nous sommes obligés de présenter un exposé sommaire des faits qui ont amené les accusés devant le conseil de guerre.

Le 6 avril 1869, une forte caravane, composée de 95 hommes conduisant 116 chameaux, partait de Gafsa, ville frontière de la régence de Tunis, pour amener des marchandises à Tébessa, dans la province de Constantine. Jusqu'à la limite du territoire français, elle marcha en un seul convoi, précaution indispensable au sein d'un pays où les caravanes sont exposées sans cesse aux attaques de maraudeurs et de brigands. Après avoir franchi les frontières, elle n'avait plus les mêmes dangers à courir. Elle se divisa alors en trois fractions qui suivirent chacune une route différente pour gagner la destination commune. Un premier groupe arriva à Tébessa dans la journée du 8 avril. Le caïd Chettouch, de la tribu des Ouled-Sidi-Abid, rencontra quelques-uns des arrivants et apprit de l'un d'eux que l'une des deux autres fractions qui était en route se composait de gens appartenant aux Hammamas. Cette nouvelle le surprit et l'émut vivement.

Les Hammamas sont une forte tribu, campée sur le territoire tunisien, horde sauvage ne reconnaissant aucune loi et sur laquelle le bey lui-même ne peut exercer aucune action. Vivant à peu près exclusivement de pillage, ils font à chaque instant des incursions en Algérie, et, dès qu'on les pourchasse, ils repassent la frontière et se rejettent dans le sud de la Régence. Nos tribus ont été souvent leurs victimes. Les Nemenchas, notamment, ont eu cruellement à souffrir de ces redoutables voisins. Longtemps cette tribu leur a tenu tête, longtemps même elle a été assez forte pour se faire respecter; mais la misère éprouva rudement les Nemenchas; le typhus décima les familles; l'épizootie tua les chevaux. Les Hammamas, moins atteints par ces fléaux, reprirent sur eux l'avantage. Impitoyables pour un ennemi qui les avait toujours battus, ils se jetèrent sur lui, exécutèrent de nombreuses razzias, et la malheureuse peuplade paya ses anciens succès par une série de revers qui abattit son courage. A son tour elle trembla devant les Hammamas, et, en 1868, dans une rencontre où elle eut son chef tué dès le début de l'action, tous ses cavaliers s'enfuirent aux premiers coups de feu. Plus d'une fois l'autorité militaire française dut faire des efforts pour combattre la démoralisation qui s'était emparée de toute la tribu.

Cette situation explique l'émotion qu'éprouva le caïd Chettouch en apprenant l'arrivée prochaine d'une caravane de Hammamas sur le marché de Tébessa. Il se rendit aussitôt au bureau arabe, et, s'adressant à l'officier chef de ce bureau, M. de Boyat, il lui demanda pourquoi de telles gens, nos ennemis traditionnels, étaient autorisés à venir s'approvisionner chez nous. M. de Boyat répondit que le lendemain, à l'heure du rapport, il ferait part de la communication du caïd à M. Sériziat, commandant supérieur. Le caïd insista pour que M. Sériziat fût informé immédiatement. « Demain, ajouta-t-il, il sera trop tard; la caravane sera arrivée. » Sur ces instances, le chef du bureau arabe se rendit auprès de M. Sériziat et lui répéta ce qu'il tenait du caïd Chettouch. M. Sériziat répondit : « Si Ahmed Lakdar, caïd des Ouled-Sidi-Yahia-ben-Taleb, est en ce moment à Tébessa, voyez-le et dites-lui d'empêcher les Hammamas d'arriver. » La tribu des Ouled-Sidi-Yahia-ben-Taleb était la plus rapprochée de la route par laquelle la caravane devait arriver à Tébessa. M. de Boyat, se conformant aux instructions qu'il avait reçues, répéta au caïd Lakdar les paroles du commandant.

Le lendemain 9 avril, pendant le rapport, M. de Boyat demanda à M. Sériziat pourquoi il avait donné l'ordre de la veille aux Ouled-Sidi-Yahia. Dans sa pensée, ce n'était pas à cette tribu à agir contre les Hammamas qui n'avaient pas contre eux les mêmes griefs que les Nemenchas. Le commandant du cercle lui fit observer que cependant les Ouled-Sidi-Yahia avaient eu aussi à souffrir des hordes tunisiennes et l'engagea à vérifier dans la correspondance l'exactitude des faits qui avaient motivé ses ordres. Puis il informa M. de Boyat que le frère du caïd des Brarchas, fraction des Nemenchas, était à Tébessa; il l'invita à le faire venir, afin de savoir de lui si les Nemenchas, quoique beaucoup plus éloignés de la route qu'il supposait suivie par les Hammamas, ne pourraient pas se porter à leur rencontre.

Après cette conversation, M. le commandant Sériziat, qui avait remarqué des hésitations chez son chef de bureau arabe, adressa au général commandant la subdivision de Constantine une dépêche télégraphique conçue en ces termes :

« Une forte caravane des Ouled-Rhadouan, tribu des Hammamas, arrive pour faire des achats de grains. La présence de ces Hammamas cause une certaine émotion chez les indigènes de nos tribus.

« D'un autre côté, dans l'état actuel du Sud, ne vous paraît-il pas nécessaire d'empêcher les achats de grains qui pourraient parvenir aux dissidents? »

Le rapport terminé, M. de Boyat fit appeler le caïd Lakdar. Il l'interrogea sur la nature des griefs que les Ouled-Sidi-Yahia pouvaient avoir contre les Hammamas. Le caïd lui apprit que deux ou trois cavaliers de sa tribu avaient été tués l'année précédente. — « Je n'ai pas à m'opposer à l'exécution d'un ordre donné par mon chef, dit alors M. de Boyat, mais si tu m'en crois, ne fais rien à cette caravane et méfie-toi de l'attaquer. »

En ce moment, Si Ahmed, frère du caïd des Brarchas, entra au bureau arabe. On se rappelle que M. Sériziat avait recommandé à M. de Boyat de le faire venir pour savoir de lui si les Nemenchas pourraient empêcher la caravane d'arriver. M. de Boyat questionna d'abord Si Ahmed sur la situation de sa tribu, sur la disposition des esprits, sur les craintes inspirées par les Hammamas. Si Ahmed répondit qu'il n'y avait rien de nouveau, puis tout à coup : — « Mais c'est ici, dit-il, que l'on parle des Hammamas. J'ai appris qu'ils sont venus à Tébessa en caravane; donne-nous la permission de les razzer. » A cette demande, M. de Boyat répondit par un refus catégorique.

Ceci se passait le 9 avril. Le lendemain 10, pendant le rapport, M. le commandant Sériziat remit à M. de Boyat la réponse qu'il avait reçue la veille dans la soirée à sa dépêche télégraphique. Cette réponse était formelle; elle prescrivait de laisser circuler librement les caravanes et rappelait que la liberté du commerce était le meilleur moyen d'améliorer la situation politique du pays. M. Sériziat chargea alors M. de Boyat de retirer l'ordre qui avait été donné au caïd Lakdar. Trente-six heures s'étaient écoulées depuis la transmission de cet ordre, et cet intervalle eût été plus que suffisant pour laisser au caïd le temps de réunir son goum et de se porter au-devant des Hammamas. Quoi qu'il en soit, il était resté inactif, et les deux autres fractions de la caravane avaient pu arriver saines et sauves dans la ville de Tébessa. Des trois fractions, l'une poursuivit sa route jusqu'à Soukaras, l'autre jusqu'à Aïn Beïda; la troisième resta à Tébessa, et c'est celle-ci qui devait être massacrée. Par quelles circonstances fatales ce massacre a-t-il été amené? C'est ce que nous allons faire connaître.

Le 11 avril, M. le commandant supérieur Sériziat reçut du caïd des Brarchas, Mohamed ben Ali, une lettre datée du 10 et portant ce qui suit :

« J'ai l'honneur de vous rendre compte que j'ai appris qu'une caravane des Hammamas, fraction des Ouled-Selama et des Ouled-Rhadouan, était arrivée à Tébessa, sans que personne ait de ses nouvelles. J'ai appris aussi qu'une autre caravane de Hammamas, fraction des Ouled-Yahia, était venue avec des Ouled-Sidi-Cheik. Parmi ces derniers, il y a un homme nommé Amar ben M'hémet Chekhaoni.

« Cette nouvelle m'a fait mal au cœur lorsqu'elle m'est parvenue, mais j'ai placé une garde pour les surveiller jusqu'à leur retour; alors je les prendrai. Je vous informe et vous demande conseil. A vous de décider. »

Cette lettre fut envoyée au bureau arabe par M. Sériziat avec l'annotation suivante, écrite en marge de sa main : « Ne rien répondre de direct, mais rappeler que le marché de Tébessa doit être ouvert à tout le monde et qu'aucune attaque ne doit avoir lieu sur notre territoire. » M. de Boyat, d'après ces indications, rédigea en langue arabe la réponse à faire ainsi qu'il suit : « Apprenez que nous avons décidé que le marché de Tébessa était ouvert à tout le monde; amis et ennnemis peuvent le fréquenter sans exception. Quant à vous, vous ne pouvez rien faire dans notre pays. » M. Sériziat ayant adopté cette rédaction, signa la lettre, et M. de Boyat en assura la transmission au destinataire, le caïd Mohamed ben Ali.

Cependant la fraction de la caravane, qui était restée à Tébessa, y terminait ses affaires et se disposait à repartir pour Gafsa. Elle était surveillée par un nommé Salah ben Redjeb et par le propre frère du caïd Mohamed, le nommé Amara ben Ali, qui allait jouer dès lors le principal rôle. Amara était arrivé à Tébessa le 12 avril. Il s'était rendu au bureau arabe pour demander une réponse à la lettre écrite le 10 avril par son frère, le caïd, au commandant supérieur. On s'était borné à l'informer que cette réponse avait été expédiée. Amara a prétendu que lui-même avait reçu directement de M. de Boyat l'autorisation verbale pour le caïd d'enlever la caravane, et que cette autorisation aurait été donnée en ces termes : « Oui, oui, dis-lui de la prendre. » Cette allégation a été formellement démentie par M. de Boyat. Amara a déclaré, en outre, qu'après avoir obtenu cette autorisation, il aurait envoyé à son frère une lettre qu'un tiers aurait écrite, lettre dans laquelle il annonçait la prétendue autorisation reçue de M. de Boyat. Mais cette lettre n'a jamais été retrouvée. On n'a pas retrouvé davantage le cavalier auquel Amara l'avait remise en le chargeant de la porter à son frère.

Quoi qu'il en soit, la caravane se mettait en route le 14 avril. Le lendemain, 15, Amara et Salah ben Redjeb montaient à cheval et suivaient ses traces.

Le caïd des Brarchas, Mohamed ben Ali, avait été exactement informé par son frère Amara du jour du départ du convoi. Le 14, au soir, toutes ses dispositions avaient été prises en vue de l'expédition qui allait avoir lieu. Il avait fait prévenir le caïd des Allaounas, Belkassem ben Naceur, son voisin, et l'avait invité à réunir les cavaliers de son goum pour les mettre en mouvement avec le sien. Belkassem ben Naceur, après quelques hésitations, avait fini par céder. Il a constamment soutenu qu'il ne savait absolument rien des véritables desseins du caïd Mohamed ; qu'il l'avait suivi parce qu'il croyait qu'il s'agissait simplement de faire une patrouille sur la frontière.

Dans la nuit du 14 au 15 avril, les deux caïds, à la tête de leurs goums, se dirigeaient rapidement vers l'Est et ne se reposaient que le lendemain, dans une localité nommée Elma-el-Abiod, après avoir franchi une distance de cent kilomètres. C'est dans cet endroit qu'Amara, qui venait de Tébessa avec Salah ben Redjeb, rejoignit son frère le caïd. En arrivant, il le prit à l'écart, eut avec lui un court entretien ; puis aussitôt après on ordonna aux goums de monter à cheval. Mohamed ben Ali avait reconnu à Elma-el-Abiod les traces de la caravane ; il était sûr d'être sur la piste ; il savait qu'elle ne devait avoir qu'une faible avance et qu'elle ne pouvait lui échapper.

Les cavaliers suivirent une direction parallèle à l'itinéraire de la caravane. Ils se divisèrent par groupes pour mieux fouiller le pays. Ceux qui avaient les meilleurs chevaux formaient l'avant-garde. Un groupe d'une quinzaine d'hommes aperçut la caravane des hauteurs escarpées qui dominent l'Oued-Mahouine. Elle cheminait alors lentement dans le lit de la rivière, complétement à sec. Un homme fut envoyé pour diriger et presser les cavaliers qui étaient restés en arrière. En apercevant le groupe arrêté sur les crêtes des mamelons dominant la vallée, la caravane fit halte. Dans cette région déserte, que les Arabes appellent le pays de la peur, tout être humain que l'on rencontre est à coup sûr un en voyageurs ne doutèrent pas un instant de l'imminence d'une attaque. Soit en signe de soumission, soit qu'ils aient eu d'abord l'intention de se défendre, car ils étaient tous armés, sauf trois israélites, ils firent agenouiller leurs chameaux en cercle et se placèrent au milieu. A partir de ce moment, l'obscurité règne sur le sinistre drame qui allait s'accomplir. Comment s'est engagée l'action ? De quel côté est parti le premier coup de feu ? La caravane a-t-elle même fait usage de ses armes ? Les renseignements recueillis de la bouche des survivants et de celle des auteurs du massacre diffèrent essentiellement. Mais ce que l'on sait d'une manière précise est horrible. A un moment, la caravane a été cernée par les assassins et enveloppée d'un cercle de feu. Criblées par les balles, les malheureuses victimes ont pu se mettre un instant à l'abri derrière les chameaux; mais ces animaux, atteints eux-mêmes, ont pris la fuite, et le rempart vivant qui protégeait les hommes ayant ainsi disparu, une épouvantable scène de carnage s'ensuivit. Un habitant de Gafsa, qui avait été laissé pour mort, a survécu à ses blessures; il avait reçu deux coups de feu à une jambe, un coup de sabre sur le crâne et un autre qui lui a emporté une oreille. Vingt-quatre cadavres sont restés couchés sur le sol.

Les trois israélites qui marchaient avec le convoi avaient pu se faire reconnaître, bien qu'ils portassent le costume musulman. Les Arabes, pour qui le meurtre d'un juif est un déshonneur, parce que les juifs ne sont pas des guerriers, les Arabes leur avaient laissé la vie sauve. Le massacre était terminé, la poudre ne parlait plus, et ces juifs se croyaient hors de danger, d'autant mieux que le caïd Mohamed lui-même et le cavalier Salah ben Redjeb les avaient pris sous leur protection. C'est alors que El Hafsi ben Gabah, prétendant reconnaître un musulman parmi ces trois hommes, aurait déchargé son fusil dans le groupe. Le plus jeune tomba mort ; un autre fut blessé à l'épaule. Sévèrement blamé par le caïd et par Salah Ben Redjeb, El Hafsi ben Gabah aurait précipitamment quitté le champ du meurtre et se serait enfui, au galop de son cheval, dans la direction de Tébessa. Il nie énergiquement le crime qui lui est reproché, et accuse les juifs d'avoir imaginé cette histoire parce qu'il est riche, et que si sa culpabilité était établie, elle donnerait lieu à une action civile.

Après l'affaire, on rassembla le butin, et le caïd Mohamed le confia à la garde de ses cavaliers. Plus tard, la prise fut dirigée sur la smala du caïd, puis l'autorité donna l'ordre de transporter le tout chez le caïd de Tébessa, par suite des revendications qui furent faites par les israélites.

Les deux caïds et les goums vinrent passer la nuit à Elma-el-Abiod.

Le lendemain, Mohamed ben Ali et Belkassem ben Naceur se mirent en route pour Tébessa, pendant que leurs cavaliers regagnaient leurs douars. Les caïds se présentèrent au bureau arabe et chez le commandant Sériziat pour rendre compte de l'événement. Quel accueil reçurent-ils ? Les dépositions sont contradictoires. D'après les unes, on ne leur aurait infligé aucun blâme ; d'après les autres, M. de Boyat aurait refusé de prendre la main que lui tendait l'un des caïds et l'aurait même traité d'assassin. De son côté, M. Sériziat aurait laissé voir par l'expression de son visage tout son mécontentement. Quoi qu'il en soit, les caïds ne furent pas immédiatement arrêtés. M. le commandant Sériziat ne se crut pas autorisé à prendre sur lui une mesure si grave, et il attendit les ordres du commandant de la province.

Les deux autres fractions de la caravane, dont l'une s'était rendue à Soukaras, l'autre à Aïn-Beida, étaient revenues à Tébessa, lorsqu'on apprit dans cette ville le triste sort du convoi qui les avait précédées sur le chemin de Gafsa. Elles y prolongèrent leur séjour jusqu'au 21 avril, et elles allaient partir lorsqu'elles furent informées par la rumeur publique que les goums des Nememchas avaient été réunis à Ain-Sguig. Dans quel but cette concentration avait-elle été ordonnée ? Etait-ce, comme on l'a dit, pour surprendre au passage les deux convois qui allaient partir de Tébessa ? N'était-ce pas plutôt, comme des témoignages l'ont établi, pour surveiller la frontière, parce qu'on devait craindre que les Hammamas ne tentassent un coup de main pour venger ceux des leurs qui avaient été tués le 15 avril ? Il semble que sur ce point il n'y ait pas de doute possible. La réunion des goums éveilla des craintes parmi les gens de la caravane. L'autorité militaire en fut avisée et elle donna l'ordre de disperser les cavaliers, et cet ordre fut exécuté sans retard.

Tel est l'ensemble des faits qui ont donné lieu au procès. On en trouvera un récit plus détaillé et plus complet dans le réquisitoire de M. le commissaire impérial spécial, dont l'impartialité a été hautement proclamée par la défense elle-même. Mais l'exposé sommaire qui précède était nécessaire pour que le lecteur puisse comprendre les débats dont nous allons maintenant donner un compte rendu abrégé.

Audience du 26 avril.

Après la lecture des rapports servant de base à l'accusation, le greffier a lu les conclusions de M. le colonel Bocher, commissaire impérial spécial. Ces conclusions, non conformes aux rapports, sont formulées dans une dépêche qui a été adressée au général commandant la province de Constantine, à la date du 31 mars 1870. En voici les passages essentiels :

« L'examen attentif et, je crois, consciencieux de toutes les pièces de cette longue procédure m'a fait y découvrir des faits, même des irrégularités, vraiment regrettables.

« Un grand nombre de pièces, ou dépêches, ou copies relatives seulement à des questions administratives et n'ayant aucun intérêt pour l'affaire, dans le fond, ajoutent inutilement à la longueur de ces volumineux dossiers, des plaintes, des dépositions reçues sur des faits contre lesquels vous n'aviez pas donné l'ordre d'informer ; en attendant les résultats d'une enquête administrative, prescrite à leur sujet, elles n'y devaient pas figurer selon moi.

« Le rapport de M. le capitaine rapporteur m'a paru, le devoir m'oblige à le déclarer, empreint du commencement à la fin d'une passion regrettable ; il fourmille d'inexactitudes.

« Le chapitre XIII de ce rapport est intitulé : « Conclusions. » D'après l'article 108, M. le rapporteur n'y avait qu'à émettre son avis, non à conclure.

« La partie du rapport de la page 140 à celle 152, intitulée : « Suite du chapitre XII, » n'est qu'une discussion de la lettre du général de division, n° 98, en date du 20 mars. — Elle porte sur les droits du rapporteur, sur la nature des refus d'informer émanant du général, seul juge et arbitre de ses décisions ; elle les critique, elle cite, en les tronquant à plaisir pour les besoins de la discussion, des lettres du général, lettres qui devraient appartenir seulement aux archives de la correspondance administrative.

« Enfin, le chapitre IX tout entier n'est que le récit et la discussion d'un fait sur lequel il n'y avait plus lieu d'informer, ce qui est si vrai que le rapporteur a renoncé d'en parler dans ses conclusions.

« Je vous avais, mon général, signalé déjà ces irrégularités, tout en reconnaissant qu'elles ne constituaient aucun des cas de nullité définis par les articles 99, 109, 113, 120, 128, 140 du Code de justice militaire et 322, 323 et 333 du Code d'instruction criminelle.

« Mais si vous aviez droit de faire justice de ces écarts, il faut reconnaître que l'usage de ce droit eût amené peut-être des sévérités que vous avez voulu éviter sagement, car elles eussent pu égarer l'opinion publique et faire naître des lenteurs d'autant plus fâcheuses qu'il est plus que temps que la justice prononce enfin.

« Mes conclusions tendent à ce que les nommés ci-après soient mis en jugement :

« 1° Mohamed ben Ali, ex-caïd des Brarchas (contumax) et Belkassem ben Naceur ben Mecheri, caïd des Allaounas, pour avoir :

« En vertu des pouvoirs dont ils étaient investis, réuni des cavaliers placés sous leur commandement pour exécuter des patrouilles, en armes, le long de la frontière, et avoir dirigé, sans provocation, ordre ou autorisation, une attaque contre des sujets quelconques de la régence de Tunis, puissance neutre, lesdits sujets formant une caravane, ayant liberté de commerce sur notre territoire ;

« Crime prévu par l'article 226 du Code de justice militaire, et par l'ordonnance royale du 25 septembre 1842 ;

« 2° Sériziat (Edouard-Louis-Charles), chef de bataillon au 3e régiment de tirailleurs algériens, pour avoir :

« Par abus d'autorité ou de pouvoirs, machinations ou artifices coupables, provoqué à l'attaque ci-dessus spécifiée et donné des instructions pour commettre ce crime ;

« Crime prévu par les articles 226, 202 du Code de justice militaire et 59 et 60 du Code pénal ordinaire ;

« 3° Amara ben Ali, indigène des Brarchas, pour avoir :

« Par des machinations ou artifices coupables, provoqué à l'attaque ci-dessus spécifiée, donné des instructions pour la commettre et avoir, avec connaissance, aidé ou assisté l'auteur ou les auteurs de l'action dans les faits qui l'ont préparée ou facilitée et dans ceux qui l'ont consommée ;

« Crime prévu par les articles 226, 202 du Code de justice militaire, 59 et 60 du Code pénal ordinaire, et par l'ordonnance royale du 24 septembre 1842 ;

« 4° Salah ben Redjeb, indigène de Tébessa, et Ahmed ben Ali, indigène des Brarchas (contumax), pour avoir :

« Avec connaissance, aidé et assisté l'auteur ou les auteurs de l'attaque ci-dessus, dans les faits qui l'ont préparée ou facilitée, ou dans ceux qui l'ont consommée ;

« Crime prévu par les articles 226, 202 du Code de justice militaire, 59 et 60 du Code pénal ordinaire, et par l' ordonnance royale du 26 septembre 1842 ;

« 5° El Hafsi ben Gabah, indigène, cheikh des Brarchas ;

« Attendu, en ce qui concerne ce dernier prévenu, qu'il a agi dans cette attaque comme subordonné au caïd Mohamed ben Ali et sur l'ordre de ce dernier, ce qui ne constituerait de sa part que l'obéissance à des ordres dont le caïd était seul responsable et enlèverait, sur ce point, tout caractère criminel,

« Nos conclusions tendent à ce qu'une ordonnance de non-lieu soit prononcée en sa faveur, au sujet de l'attaque de la caravane,

« Et qu'il soit mis en jugement pour avoir :

« Après l'attaque, en dehors de toute lutte, commis un homicide volontatre sur la personne de l'israélite Nani ben Chamouni, qui se trouvait parmi les gens de la caravane attaquée ;

« Crime prévu par les articles 267 du Code de justice militaire, 295, 304 du Code pénal ordinaire et par l'ordonnance royale du 26 septembre 1842. »

M. le président. — D'un autre côté, j'ai reçu de M. le capitaine rapporteur une protestation contre les appréciations qui se trouvent dans ce rapport du commissaire impérial spécial. La voici :

« Monsieur le président,

« J'ai l'honneur de vous prier de vouloir bien donner la lecture publique au conseil de la protestation suivante :

« M. le commissaire impérial a cru devoir attaquer vivement, en tête de ses conclusions, l'instruction, le rapporteur et son rapport.

« La publicité donnée à de telles attaques, dans ces débats, la place qu'elles occupent dans une pièce judiciaire uniquement consacrée à conclure sur les crimes ou délits, la situation personnelle de leur auteur, tout, en un mot, m'impose l'obligation de protester de toute l'énergie de ma conscience et de mon droit contre un langage auquel, M. le commissaire impérial spécial ne doit pas l'ignorer, il ne m'est pas possible de répondre publiquement.

« Veuillez agréer, etc.

« *Le capitaine rapporteur près le 1er conseil de guerre,*

« ASTRUC. »

Je donne acte de cette protestation, attendu que les fonctions de capitaine rapporteur cessent du moment où il a remis son rapport au commissaire impérial.

M. le commissaire impérial spécial. — Nous acceptons d'autant plus volontiers la lecture de cette communication que nous désirons même la voir mise au dossier. C'est la meilleure preuve que nous voulons que la justice et la lumière se fassent d'une manière complète et qu'il soit laissé à la défense la plus entière liberté.

M. le président. — Vous voyez, messieurs, que la controverse et le dissentiment sur ces débats ont commencé même avant la réunion du conseil. C'est une raison de plus pour que nous y apportions le plus grand calme et la plus grande modération, et que nous évitions avec soin toute préoccupation étrangère à la cause, afin de n'être détournés par rien dans la recherche de la vérité.

Me Ollivier. — Puisque le parquet proteste, je proteste aussi de mon côté contre certains faits de l'instruction....

M. le président. — Nous allons suspendre l'audience quelques instants.

A la reprise de l'audience, on fait l'appel des témoins, puis il est procédé à l'interrogatoire des accusés.

SI BELKASSEM BEN NACEUR BEN MECHERI.

D. Vous êtes caïd des Allaounas?

R. Je suis caïd des Allaounas, fraction de la tribu des Nemenchas.

D. Depuis combien de temps êtes-vous caïd ?

R. Depuis neuf ans.

D. Vous avez été cheikh auparavant ?

R. Oui.

D. Pendant combien de temps ?

R. Pendant six ans.

D. Dans la nuit du 14 au 15 avril 1869, vous êtes monté à cheval avec votre goum et celui des Brarchas ?

R. Je suis monté à cheval.

D. Dans quel but vous êtes-vous mis à la tête de ces cavaliers ?

R. J'étais dans Sbikha, quand Si Mohamed ben Ali me fit prévenir de monter à cheval et d'aller auprès de lui. Je m'y rendis immédiatement. Quand je fus arrivé, il me dit : « J'ai reçu l'ordre de faire monter les goums à cheval ; les nouvelles venues de l'Est, des Ouled-Sidi-Abid, de la fraction des Ouled-el-Ahmadi, annoncent que les Hammamas ont l'intention de venir nous razzer. Je me dispose à les reconnaître en montant à cheval. « Faut-il, lui demandai-je, que je monte aussi à cheval ou que je reste. » Il me dit deux fois : « Il faut monter à cheval. » Comme depuis l'année 1867, depuis cette époque de misère pour le pays, nous avions, nous, caïds, l'ordre des chefs de l'autorité militaire de monter à cheval pour prêter secours en cas de besoin à nos confrères les caïds de la frontière, je montai à cheval et crus devoir déférer au désir de Mohamed ben Ali.

D. Vous n'étiez pourtant pas sous les ordres de Mohamed ben Ali, étant plus ancien que lui ?

R. Je n'étais pas sous ses ordres, seulement, nous tous, caïds, nous avions reçu le commandement de nous prêter secours les uns les autres, lorsque le moment serait venu et que le plus menacé nous appellerait.

D. Vous croyiez donc qu'il s'agissait de faire une patrouille pour s'opposer aux Hammamas ?

R. En effet ; à ce moment je pensais que je partais avec mes cavaliers pour protéger les tribus frontières. Car on avait dit quelque temps auparavant que les Hammemas avaient l'intention de venir ici.

D. Croyiez-vous aller, à un point donné, livrer bataille aux Hammamas, dont la présence y était signalée?

R. Nous marchions sans but déterminé.

D. Pour combien de jours emportiez-vous de vivres?

R. J'ai prévenu mes cavaliers d'emporter des vivres pour cinq jours.

D. Les cavaliers ont donc pris des vivres pour cinq jours ?

R. Je ne sais pas ; mais tel est l'ordre que je leur ai donné.

D. Vous ne vous êtes pas assuré qu'ils ont exécuté cet ordre?

R. Mais comme nous nous sommes mis en route pendant la nuit, je n'ai pas pu constater par moi-même si les provisions nécessaires étaient emportées par chacun des cavaliers.

D. Vous ignoriez qu'il s'agissait d'enlever une caravane?

R. Je n'en savais rien.

D. Quand vous avez fait une marche si rapide jusqu'à Elma-el-Abiod, vous vous figuriez que la rencontre de la caravane devenait imminente ?

R. Nous nous sommes pressés et nous avons marché rapidement avec nos goums, parce que nous nous attendions à trouver nos ennemis devant nous ; c'est pourquoi nous nous sommes hâtés.

D. Quand vous êtes arrivé à Elma-el-Abiod vous ne vous doutiez de rien encore ?

R. Nous nous sommes mis en route, nous avons marché toute la nuit, nous avons passé la matinée du lendemain à Elma-el-Abiod, où nous sommes restés jusqu'au moment de la forte chaleur, vers midi.

D. Vous n'aviez encore aucun soupçon du but de votre excursion?

R. Au moment où le soleil était élevé, nous partîmes sans nous douter de rien.

D. Avez-vous vu revenir de Tébessa Amara ben Ali, frère du caïd des Brarchas, Mohamed ben Ali ?

R. Je demande la permission de vous donner quelques détails. Quand nous sommes arrivés à Elma-el-Abiod, les cavaliers étaient dispersés, à cause de la chaleur. Ceux de Mohamed ben Ali, caïd des Brarchas, se trouvaient d'un côté. Quant à moi, je m'étendis au pied d'un rocher et je m'y assoupis. Pendant que j'étais à l'ombre, en train de dormir, un cavalier vient me réveiller, en disant : « Amara ben Ali est arrivé ! »

D. Ne s'est-il pas mis à causer avec son frère immédiatement après son arrivée ?

R. Un cavalier s'est approché de moi. Je dormais ; il m'a secoué, et m'a dit : « Le frère de Mohamed ben Ali est arrivé. » Moi, je suis resté tranquille à ma place ; je me suis accoudé, allongé, et j'ai continué à me livrer, non plus au sommeil, mais à la somnolence de la sieste. Cependant, un autre cavalier est venu me dire : « Voilà les goums en marche ; lève-toi donc ! lève-toi ! »

D. On venait donc de commander aux cavaliers de se mettre en marche ? Est-ce Amara qui a donné cet ordre aussitôt arrivé après son frère ?

R. Je ne sais pas si l'ordre de partir vient d'Amara, mais c'est après son arrivée qu'on est monté à cheval.

D. Voilà donc un caïd à la tête de ses forces, qui ne se met pas en peine de ce qu'on veut faire de lui et de ses forces ! Il ne demande même pas, avant de monter à cheval : « Est-ce que l'ennemi est là ? Est-ce qu'il vient ? »

R. Nous avons l'ordre de l'autorité de faire des patrouilles sur la frontière, pour la protéger contre l'ennemi. Je croyais que c'était une marche habituelle.

D. N'avez-vous pas entendu parler de traces de caravane aperçues à Elma-el-Abiod, traces toutes fraîches d'une caravane qui venait d'y passer une heure auparavant?

R. Je n'ai pas entendu parler de traces de caravane ; je n'en n'ai pas vu non plus.

D. Tout le monde dans les goums savait, à partir d'Elma-el-Abiod, qu'on allait attaquer une caravane. Il est incroyable que vous seul l'ayez ignoré.

R. Je n'en savais rien du tout.

D. Vous vous êtes donc mis en marche à la queue de la caravane ; puis qu'est-il arrivé ?

R. Je suis resté, après être monté à cheval, à la suite des goums qui marchaient devant moi. Il est arrivé qu'entre les ruines, nommées Bou-Sba et Guengo, sur le bord de l'Oued-Mahouine, j'ai rencontré le fils de Gabah. El Hafsi bed Gabah et moi, nous avons marché tranquillement à cause de la chaleur, et nous nous sommes mis à causer du temps où son père commandait la tribu. Ben Gabah disait : « Dans ce temps-là, le pays était heureux ; personne ne se plaignait, tandis que maintenant les choses sont changées. » C'était une conversation très-intime. Nous allions au pas, lentement, dans une plaine accidentée qui s'étend au delà de Golsben ; tout à coup nous entendons des cris devant nous ; nous pressons notre allure pour voir ce qui se passe, du tapage s'élève du milieu des goums, nous voyons sortir à ce moment un cavalier d'un groupe qui vient vers nous au galop. Venez vite, accourez ! s'écrie-t-il. C'est alors que nous entendîmes quelques détonations de coups de fusil. Lorsque ce cavalier nous eût prévenus, le fils de Gabah, qui est un jeune homme, partit à toute vitesse sur son cheval ; mais moi, comme je suis d'un certain âge, un peu gros et lourd, je n'ai pas pu galopper ; j'ai donc suivi lentement, sans me presser, le fils de Gabah. Quand je suis arrivé sur le lieu de la rencontre, la poudre avait cessé de parler.

D. Saviez-vous que c'était une caravane ?

R. J'ai vu et j'ai su ce que c'était. Je suis arrivé au moment où deux juifs étaient là tout nus.

D. Vous approuviez cette opération et vous étiez content d'y avoir pris part ?

R. Je suis arrivé, l'affaire était terminée. C'était accompli. Aussitôt, je me suis adressé à Si Mohamed ben Ali en lui disant : « Allons à Tébessa rendre compte de ce qui s'est passé. » J'ai renouvelé sur place, au caïd, le conseil de partir pour cet endroit afin de nous y mettre en communication avec l'autorité.

D. Ainsi vous ignoriez les projets du caïd ?

R. Lorsque je suis monté précipitamment à cheval, je n'étais pas instruit de l'endroit où nous allions ; mais, dans ma pensée, je supposais que Mohamed ben Ali le savait ; qu'il poursuivait une caravane et qu'il voulait l'enlever.

D. N'avez-vous pas fait des reproches à votre collègue de ce qu'il vous avait trompé en vous appelant pour le massacre d'une caravane ?

R. A ce moment-là, sur les lieux mêmes, je ne lui adressai aucun reproche ; je me bornai à lui dire : Allons à Tebessa.

E. Comment y avez-vous été reçu ?

R. Je rentrai dans ma maison à Tébessa, et le caïd Si Mohamed ben Ali descendit chez un de ses amis, Si Mohamed ben Hassein.

D. C'est comme cela que vous avez rendu compte de l'affaire engagée avec la caravane?

R. Après avoir mis pied à terre, chacun dans un endroit différent, nous nous sommes rencontrés au cercle; puis, nous sommes allés chez M. de Boyat. Je crois que Si Mohamed ben Ali y est arrivé avant moi. Lorsque j'ai vu M. le chef du bureau arabe, j'ai remarqué qu'il avait l'air d'un homme mécontent. Nous sommes entrés chez M. de Boyat, nous l'avons salué, puis nous nous sommes retirés. Lorsque j'y suis retourné plus tard, M. le chef du bureau arabe m'a dit : Si Mohamed ben Ali vient de faire un acte mauvais. En entendant cela, j'ai compris qu'il y avait quelque chose qui n'allait pas. Nous sommes allés, Mohamed ben Ali et moi pour voir le commandant supérieur. Si Mohamed ben Ali et le commandant supérieur se sont assis dans un endroit un peu éloigné de celui où j'étais, de sorte que je n'ai pas fait attention à ce qu'ils disaient.

D. C'est une inattention qu'on ne peut s'expliquer; vous ne savez rien, vous ne voyez rien, vous n'entendez rien?

R. Nous étions dans la même chambre. Le commandant supérieur était assis avec Si Mohamed ben Ali, et moi un peu plus loin; je ne me suis pas occupé de leur conversation.

D. Vous êtes partis tout de suite?

R. Si Mohamed ben Ali a dit au commandant : Je vais faire un rapport sur ce qui s'est passé, et le commandant supérieur a répondu : Fais ce rapport.

D. A-t-il dit dans quel sens vous deviez faire ce rapport?

R. Non, il ne m'a rien dit absolument.

D. Il est incroyable que vous n'ayez appris qu'il était question d'une caravane qu'au moment où vous l'avez vue massacrer. Tout le pays savait qu'une caravane de Hammamas était entrée sur notre territoire, et qu'il s'agissait de l'enlever.

R. Je l'ignorais complétement étant à Sbikha.

D. Six jours après, le 21, avez-vous donné l'ordre à votre goum de monter à cheval pour aller à Doukan?

R. De Tébessa, j'envoyai l'ordre au goum de se rassembler.

D. Pour faire une patrouille?

R. Oui; le commandant nous avait prévenus que les Hammamas voulaient envahir notre territoire et nous razzer. Dans le but de prévenir leur attaque, le commandant nous avait donné l'ordre de nous réunir à Aïn-Sguig, dans le Djebel-Doukan.

D. L'endroit vous semblait-il bien choisi pour cette fin?

R. C'est un endroit qui convient à un rassemblement de cavaliers pour protéger le pays, non-seulement les douars qui sont à Sbikha, mais toute la ligne de la frontière.

D. Les trois fractions des Nemenchas y étaient réunies ?

R. La majeure partie était à Sbikha.

D. Mais sur d'autres points que celui-là, étiez-vous vulnérables?

R. Oui; si les Hammamas étaient venus, ils auraient pu enlever le bordj du caïd Gabah, à Chéréâh.

D. Pourquoi, à Elma-el-Abiod, vous étiez-vous mis en arrière de vos campements ?

R. Parce que, autrement, tous les campements se seraient trouvés à l'Ouest.

D. Précisément, vous vous seriez trouvés entre l'ennemi et vos campements ; c'est ainsi que l'on se place d'ordinaire ?

R. Nous avions à Sguig de l'eau et tout ce qu'il nous fallait pour donner à nos chevaux, et puis, nous pouvions surveiller tout le monde à droite et à gauche.

D. Aviez-vous les mêmes ressources à Elma-el-Abiod ?

R. A Doukan, il y avait de l'herbe et les choses nécessaires à nos bêtes ; c'est pourquoi nous y avons été.

D. Quelle était l'impression de la caravane arrivée à Tébessa? Vous devez le savoir.

R. Oui, car j'étais à Tébessa, et j'entendais les conversations qui avaient cours en ville. Je sais ce que disait la fraction de la caravane qui y était en ce moment-là ; le bruit courait, parmi les gens dont elle se composait, que des goums étaient réunis pour l'enlever, tandis que je savais, moi, que leur rassemblement avait pour but de protéger la frontière.

D. Enfin, la caravane a fait des démarches auprès de M. le commandant supérieur pour obtenir que les goums fussent dispersés?

R. Oui, je l'ai entendu dire ; mais l'ordre était donné de se réunir à Doukan pour chasser les Hammamas et non pour massacrer une caravane.

D. Ainsi, votre but n'était que de vous opposer à l'incursion des Hammamas ?

R. Il n'y a pas de doute à ce sujet ; nous avions l'ordre de rassembler les goums pour empêcher les Hammamas de venir, nullement pour prendre le reste de la caravane.

D. Vous soutenez que vous n'avez rien su à l'avance de l'enlèvement de la caravane, et que vous n'avez pris aucune part à l'action ?

R. Je répète ce que j'ai déjà dit. Je ne savais rien avant que la caravane ne fût prise ; je suis arrivé sur le lieu du massacre lorsque l'affaire était finie. C'est alors que j'ai vu les juifs tout nus.

D. Nous verrons si certains témoignages ne contrediront pas le vôtre.

M. le commissaire impérial spécial. — Permettez moi, mon général, d'adresser au témoin quelques questions particulières ou générales qui seront précises.

Je demande si, le 14, le goum était réuni véritablement au campement de Sbikha ?

R. C'était à l'Est de Sbikha.

D. A l'Est des lacs ou derrière les lacs ? Le campement était-il plus rapproché de Tébessa que des lacs ou au delà des lacs ? Fallait-il les passer pour aller de Tébessa à la tente de Mohamed ben Ali ?

R. Nous étions campés dans une très-vaste plaine, à l'Est, sur la partie orientale des lacs.

D. Quelle est la distance entre Sbikha et Tébessa ? Combien faut-il d'heures pour aller du campement à la ville?

R. Je ne puis apprécier par heure le temps qu'il faut d'un lieu à un autre. Un cavalier partant au point du jour arrivera un peu après midi.

D. A Tébessa ! un peu après midi, s'il partait au point du jour, en cette saison ?

R. Oui, un cavalier léger, marchant bien, parti le matin au point du jour, arriverait à Tébessa après l'heure de midi.

D. Le jour, à cette époque, se lève à cinq heures. D'après l'accusé, un cavalier partant à cinq heures du matin ferait en sept heures les 90 kilomètres, soit plus de vingt-deux lieues, qu'il y a sur la carte, de Sbikha à Tébessa.

Je voudrais éclaircir un autre point.

Le 14 avril, le caïd Mohamed ben Ali, avant de monter à cheval, avait demandé à Belkassem ben Naceur de rassembler ses goums. D'après sa déposition, l'accusé n'aurait pas voulu cette première fois se rendre aux injonctions du caïd Mohamed ben Ali.

Je demande à Belkassem ben Naceur le pourquoi de ce refus?

R. La première fois que Mohamed ben Ali m'a envoyé cet ordre de monter à cheval, j'ai refusé de le faire, croyant qu'il mentait, que ce n'était pas une parole sûre et sérieuse.

D. A ce moment de la journée, la première fois qu'il l'a fait demander, à midi, Mohamed ben Ali lui a-t-il parlé, oui ou non, de l'ordre donné par le bureau arabe de razzer la caravane ?

R. Non, il ne m'a pas dit cela. Quant à l'ordre de monter à cheval, c'est un commandement que nous avons depuis l'année 1867, de nous mettre en campagne toutes les fois qu'un caïd voisin fera appel à notre force et nous demandera de le secourir. Il faut toujours le faire.

D. Le 14, à midi, Mohamed ben Ali vous a fait venir. Vous a-t-il alors demandé de monter à cheval ?

R. Ce n'est pas à midi, c'est le soir que Mahomed ben Ali m'a envoyé cet ordre.

D. Vous avez déclaré que Mohamed ben Ali vous avait fait appeler à deux heures après midi, qu'il vous avait demandé de monter à cheval et que vous aviez refusé ; puis, qu'à six heures du soir, Mohamed ben Ali vous avait dit une seconde fois de venir.

R. C'est une erreur de copiste, d'écrivain. La première fois (on a mis deux heures, je ne sais pas si c'est deux ou trois, c'est un peu avant la soirée), la première fois, en effet, avant le coucher du soleil, Mohamed ben Ali m'a dit de monter à cheval, j'ai refusé ; la seconde fois, j'ai accepté.

M. le président. — Voici sa déposition :

« Un jour, vers une heure de relevée, Si Mohamed ben Ali m'envoya chercher. Assis près de lui, il me dit : « J'ai appris par les Ouled-« Sidi-Abid, de la fraction des Ouled-el-Ahmadi, que des hommes étaient « en route, soit pour razzer la caravane de chez vous, qui est dans le « Djerid, ou bien pour tomber sur une fraction. Il vous faudra monter « à cheval. » Je lui répondis affirmativement, et je retournai chez moi. Vers six heures, il m'envoya de nouveau chercher.

M. le commissaire impérial spécial. — Ainsi, la première fois, le caïd Mohamed ben Ali avait engagé Belkassem ben Naceur à monter à cheval ; mais ce n'est qu'à la seconde injonction, à six heures du soir, que ce dernier a obéi. Voilà ce qui est parfaitement admis. Maintenant, je demanderai à l'accusé s'il savait, au moment de son départ, que Mohamed ben Ali avait eu connaissance d'un message envoyé de Tébessa.

R. Je n'en savais rien.

M. le président. — Au contraire ; voici ce que vous avez déposé :

« Arrivé près de Mohamed ben Ali, il me dit : « J'ai appris.... que des « Hammamas étaient en route.... Il nous faudra monter à cheval. »

M. le commissaire impérial spécial. — Dans sa déposition du 26 août, il dit :

« Le bruit court que les Hammamas devaient venir nous attaquer.... Mohamed ben Ali m'envoya demander si je voulais monter contre eux; il était deux heures lorsqu'on vint me prévenir.... Il fut convenu qu'on partirait un peu plus tard.... A six heures, j'allai de nouveau chez mon collègue. Je le trouvai déjà à cheval, et il m'engagea à partir.... De sept heures un quart à huit heures, il me fit dire une dernière fois qu'il était parti...., etc. »

M. le président. — C'est la déposition du 26 août que vous lisez, tandis que j'ai sous les yeux l'interrogatoire du 2 octobre.

M. le commissaire impérial spécial. — Ah ! pardon ; c'est différent.

Il continue en demandant à Belkassem :

D. Le 15, jour du massacre, avez-vous laissé de vos cavaliers, de vos déiras à la garde de la prise faite sur la caravane ?

R. Oui ; après la razzia, nous avons donné l'ordre aux cavaliers de garder la prise, et je suis parti pour Tébessa. A mon arrivée dans cette ville, je reçus une nouvelle qui m'annonçait que le frère du caïd Mohamed ben Ali, contumax, avait battu un de mes serviteurs, un de mes domestiques, en disant : « Que fais-tu autour de la caravane, quand tu n'étais pas présent à l'affaire, ni toi ni les tiens ? »

M. le commissaire impérial spécial. — Je prie le conseil de ne pas oublier cette déposition tendant à prouver que Mohamed ben Ali s'était déjà fait la part du lion.

Je poserai à l'accusé une autre question :

D. A-t-il eu connaissance de la fuite de Mohamed ben Ali, et pourquoi n'a-t-il pas songé à le suivre ?

R. J'ai su, à la vérité, que Mohamed ben Ali s'était enfui. Mais pourquoi l'aurais-je imité, n'étant pas impliqué dans l'affaire de la caravane ? Bien loin de m'en aller ailleurs pour me mettre en sûreté, je me suis rendu à Tébessa. C'est la preuve que je ne me croyais aucunement compromis dans l'affaire de la caravane. Du reste, il est au su de tout le monde que j'y suis étranger.

SALAH BEN REDJEB.

D. N'êtes-vous pas parent de Mohamed ben Ali ?

R. Je suis son oncle maternel.

D. Vous êtes allié avec Amara ben Ali, probablement ?

R. C'est le fils de ma sœur.

D. Lorsque Amara ben Ali est arrivé à Tébessa, quelques jours avant la razzia, vous êtes-vous abouché immédiatement avec lui ?

R. Amara ben Ali, venu à Tébessa, est descendu dans la maison de Si Mohamed ben Hassein. Le jour de la razzia, j'étais dans la rue de ce dernier, quand je vis Amara ben Ali, qui me parla ainsi : « Mon frère Mohamed me charge de te dire que tu lui apportes du sucre, du café et du tabac. »

D. Vous avez vu Amara avant le massacre de la caravane ?

R. Il a passé deux ou trois jours à Tébessa.

D. Vous l'avez vu, vous savez même ce qu'il a fait pendant le jour de la razzia, vous connaissez même les sinistres projets qu'il avait formés contre la caravane.

R. Je ne suis allé ni au bureau arabe, ni chez le commandant supérieur ; mais j'ai su par Amara qu'il en avait reçu l'ordre d'enlever la caravane.

D. C'est le 15, le jour de la rencontre, que vous avez su cela ?

R. Il est venu comme aujourd'hui, par exemple, à Tébessa ; je ne sais point si c'est le lendemain qu'il m'a parlé de la razzia de la caravane, ou le surlendemain, mais c'est avant qu'il ne se mît en route.

D. A partir de ce moment, il ne quittait plus le marché et guettait la caravane comme un chat guette une souris.

R. Après ma conversation avec Amara, je ne savais pas si le caïd Mohamed ben Ali, s'en rapportant à ce que disait son frère, irait ou n'irait pas à cette razzia de la caravane.

D. Vous saviez exactement sur quelle fraction de la caravane qui était à Tébessa se porterait l'attaque ; saviez-vous que c'était celle qui devait passer par le col de Tenoucla et suivre le cours du Saf-Saf, qu'on se proposait d'enlever d'abord ?

R. Je ne savais pas quelle route devait prendre cette caravane : celle de Tenoucla ou celle de Beccaria.

D. Savez-vous si Amara ben Ali ne demandait pas des renseignements sur la caravane ?

R. Non, je ne lui ai pas entendu faire de ces questions-là.

D. Il s'informait pourtant. Il observait les juifs qui échangeaient de l'or ou de l'argent dans les boutiques.

R. Ce sont des paroles de trop dites par des témoins. Je voudrais bien que les individus qui font ces dépositions viennent préciser les faits d'une manière exacte et disent : Je l'ai vu chez tel ou tel marchand, dans telle ou telle boutique ou ailleurs.

D. Il a la réputation de se mêler aux bandes qui vont faire des razzias ; on dit que c'est dans ses habitudes.

R. Lorsque nous partons pour faire une razzia, c'est toujours par ordre de l'autorité. Nous y allions avec le colonel Flogny et avec le colonel Bonvalet.

D. On a reconnu aux Nemenchas le droit de faire des représailles, mais on n'appelle pas les gens de la ville aux armes.

Vous êtes cependant un citadin, vous qui vous conduisez comme un homme qui demeure sous la tente, comme un sauvage du Sahara.

R. Le caïd Chetiouch est mon parent. Lorsqu'il est menacé, il me fait appeler; je vais lui donner un coup de main et lui offrir la force de mon bras. (Sourires.)

D. Avez-vous cru que c'était une opération louable que de tuer des gens que vous aviez vus à Tebessa commercer pendant cinq jours?

R. Il faut que je donne quelques renseignements sur les Hammamas.

Les Hammamas sont un tas de voleurs qui viennent constamment sur notre territoire, sans faire aucune distinction des sujets français ou des gens au service de la France, comme les Maltais. Il prennent tout, ils dévalisent tout le monde; par conséquent, nous, lorsque nous voulons leur rendre la pareille, nous n'avons pas besoin de savoir si les gens que nous pillons sont véritablement des Hammamas; pourvu qu'ils habitent leur pays cela nous suffit, et quand nous frappons, nous ne regardons pas sur qui.

D. Vous n'avez jamais vu un exemple d'une caravane massacrée en quittant une de nos villes où elle avait commercé pendant plusieurs jours.

R. Ce n'est ni le caïd, ni moi qui avons donné l'ordre de monter à cheval pour faire la razzia. D'ailleurs, que je fusse allé ou que je ne fusse pas allé pour enlever la caravane, cela n'aurait rien empêché, elle eût été prise tout de même. (Rires dans l'auditoire.)

D. Que l'ordre ait été donné aux Nemenchas, cela excuserait les Nemenchas; mais vous, cette affaire ne vous concernait nullement.

R. Celui qui commande aux Nemenchas est Français; c'est aussi au gouvernement qu'est soumise la population de Tébessa ; par conséquent, dès que l'ennemi vient attaquer un des nôtres, je crois qu'il est de mon devoir de le secourir.

D. Il ne s'agit pas d'attaque là-dedans, ni d'un cas de légitime défense.

R. Dans le temps que le colonel Bonvalet faisait des razzias, il y avait un homme, maréchal des logis de douane, qui n'appartenait pas à l'armée, qui n'était pas soldat des troupes actives : il a été tué cependant.

D. Cela ne signifie pas grand'chose.

Vous êtes tout à fait impardonnable d'avoir concouru à une pareille opération, vous, un homme de la ville, vous qui voyiez la caravane venir à Tébessa, sous la foi des traités, de notre loyauté, vous n'aviez pas la moindre excuse. Vous alliez porter du café et du sucre à votre neveu? Vous ne lui avez porté ni sucre ni café! Vous avez saisi votre fusil et vous êtes monté à cheval pour prendre part à l'affaire!

R. Vous me reprochez d'avoir pris mon fusil pour aller jusque là-bas; mais c'est notre usage à Tébessa; quand nous dépassons le mur d'enceinte de notre jardin, nous avons nos armes.

D. Si c'est pour vous défendre, vous avez raison; mais si c'est pour assassiner, vous avez tort.

R. J'ai pris mon fusil, c'est vrai; mais questionnez sur mon compte tous ceux qui étaient présents à la razzia, ils vous diront la même chose: c'est que je n'ai ni tué ni touché personne; au contraire, j'ai sauvé les israélites et n'ai pas enlevé le moindre burnous.

D. On a reconnu après l'affaire une amélioration dans votre costume et le vêtement de vos enfants?

R. Voilà les effets que j'avais le jour de la razzia; ce sont les mêmes que ceux que j'ai toujours portés.

D. A-t-on des questions à faire aux accusés?

M. le commissaire impérial spécial Bocher. — Je voudrais poser à Salah ben Redjeb une question, pour savoir à quelle heure, le 15, jour de la razzia, il a reçu d'Amara ben Ali l'invitation de porter au caïd Mohamed du sucre et du café, autrement dit des vivres?

R. Je ne me le rappelle pas précisément; le jour était levé, je ne sais pas s'il était sept ou huit heures du matin.

D. Avez-vous vu, à ce moment, Amara ben Ali sortir du bureau arabe?

R. Je n'ai point vu s'il sortait du bureau arabe; mais je l'ai aperçu qui venait dans la rue de Si Mohamed ben Hassein.

D. C'est ce que je voulais savoir et constater.

Je prie le conseil de ne pas oublier cette réponse, qui est d'une très-grande importance.

Le matin du 15, Salah ben Redjeb n'a pas vu Amara ben Ali sortir du bureau arabe; il l'a vu au contraire aller dans la direction de la rue de Si Mohamed ben Hassein. On n'a donc pas pu voir Amara sortir du bureau arabe, ni sur le seuil du bureau arabe.

M. le président. — Vous n'avez pas vu Amara ben Ali sortir du bureau arabe le 15 au matin?

R. Non, je ne l'en ai pas vu sortir.

D. Vous êtes accusé d'avoir, avec connaissance, aidé ou assisté les auteurs de l'attaque, dans les faits qui l'ont préparée ou facilitée ou dans ceux qui l'ont consommée.

R. J'avais parfaitement reconnu qu'on s'en allait à une razzia, mais je n'ai rejoint la masse du goum qu'à Guelaat-Bou-Sba. Je suis arrivé quand l'affaire était presque terminée. Je n'ai tué personne, enlevé personne, je n'ai pris aucun burnous, je ne suis allé là-bas que pour venir en aide à mes parents, à mes neveux Amara et Mohamed ben Ali, dans la crainte qu'un malheur semblable à celui des enfants de Gabah n'arrivât aux leurs. Gabah est mort et ses fils sont sans soutien.

D. La défense a-t-elle des questions à poser ?

Me Lucet. — Je voudrais savoir quelle a été la conversation de Salah ben Redjeb avec Amara ben Ali, au moment où, quittant Tébessa, il montait à cheval, le 15, jour de la razzia?

R. Voici ce qu'Amara m'a dit : « Mohamed ben Ali m'a chargé de te prier de lui apporter du sucre et du café et de le rejoindre à Elma-el-Abiod. »

D. Au moment où Amara montait à cheval pour quitter Tébessa, le 15, il avait déjà demandé du sucre et du café?

R. Notre conversation a été celle-ci : J'ai demandé à Amara ben Ali s'il pouvait me donner une monture. Il me dit : « Non, je n'en ai pas ; prends-en une et tu nous rejoindras. »

D. Amara ben Ali n'a t-il pas dit qu'il avait reçu du bureau arabe l'ordre de razzer la caravane?

M. le commissaire impérial spécial Bocher. — Les questions sont posées de telle façon que l'on fera dire à l'accusé tout ce que l'on voudra.

Me Lucet. —Amara a-t-il dit où il allait, s'il avait reçu quelque ordre ?

Le commissaire impérial.— J'aime mieux cette forme d'interrogation.

R. Amara m'a dit : « L'autorité m'a donné l'ordre, relativement à la caravane, de l'enlever. »

Le commissaire impérial.—Comment se fait-il que le témoin a déclaré formellement qu'il n'est pas parti avec Amara ben Ali? Si c'est vrai, il n'a pu tenir un tel langage. En d'autres termes, vous venez de lui demander ce qu'il avait dit en montant à cheval et en partant de Tébessa ; mais s'il n'est pas parti et s'il n'est pas monté à cheval, il lui était impossible de rien dire.

Me Lucet. — Je demandais à Salah ben Redjeb ce qu'Amara, en montant à cheval et en le laissant à Tébessa, lui avait dit, relativement au lieu où il se rendait. Lui en a-t-il fait part ?

Le commissaire impérial. — Je désire qu'on fasse la question dans ce sens : Qu'est-ce qu'Amara lui a dit en partant, en montant à cheval?

M. le général président Faidherbe. — Vous avez toujours avoué que vous saviez par Amara qu'on devait enlever la caravane. Au dernier moment, que vous a-t-il dit?

R. Voici ses paroles : « L'autorité m'a ordonné, relativement à la caravane, de l'enlever. »

Le commissaire impérial. — Cela se trouve-t-il dans l'interrogatoire?

Me Lucet. — Parfaitement.

M. le président. — Oui, il a déclaré qu'Amara lui avait dit qu'il avait reçu l'ordre de l'autorité.

Le commissaire impérial. — Voici sa déposition :

« J'étais à Tébessa quand Amara, le frère de Mohamed ben Ali, est venu me trouver pour me dire que le caïd avait besoin de café et de tabac, et qu'il fallait aller le rejoindre à Elma-el-Abiod. Dans le cas où on ne le trouverait pas là, il fallait se diriger vers le Saf-Saf. Amara me quitta, et comme mon cheval était à la prairie, j'allai le chercher et je partis. »

Me Lucet. — Oui ; mais aussitôt après la lecture de sa déclaration, il a dit qu'il avait des aveux à faire. Voici comment il s'est exprimé la seconde fois :

« J'ai menti dans ma première déclaration, en disant qu'à mon départ de Tébessa pour me rendre à Elma-el-Abiod, j'ignorais le but de notre course ; je craignais qu'Amara ne niât lui-même ce qu'il m'avait dit à ce sujet ; mais je dois dire toute la vérité à la justice. Donc, le 15 avril au matin, après qu'Amara revint du bureau arabe, il se rendit à la maison de Si Mohamed ben Hassein, devant la porte duquel étaient les mulets avec lesquels il allait se mettre en route. Dans cette rue, Amara est venu à moi et m'a dit : « Nous allons razzer la caravane, l'autorité m'a donné l'ordre. »

M. le commissaire impérial Bocher. — Cela constate qu'il a menti une première fois ; son second témoignage peut donc être suspecté.

Me Lucet. — Nous ne discutons pas en ce moment.

EL HAFSI BEN GABAH.

M. le général président Faidherbe. — Vous êtes cheikh des Ouled-Messaoud, de la fraction des Brarchas?

R. Je suis cheikh des Ouled-Messaoud, de la fraction des Brarchas.

D. Depuis combien de temps?

R. Depuis deux ans environ.

D. Depuis la mort de votre père ?

R. Je l'ai été un peu auparavant.

D. Vous étiez donc cheikh du vivant de votre père. Quand il est mort vous avez prétendu à sa succession ?

R. J'espérais, lorsque mon père est mort, que je prendrais sa place.

D. Vous étiez probablement trop jeune, c'est pourquoi on ne vous l'a pas donnée ?

R. Dieu n'a pas voulu qu'on me nommât caïd à ce moment.

D. En quelle circonstance votre père a-t-il été tué?

R. La tribu des Nemenchas était allée sur le territoire des Hammamas contre la fraction des Ouled-bou-Yahia; c'est là, dans une rencontre, que mon père a été tué.

D. Il s'agissait d'enlever un village ?

R. On avait l'intention d'enlever un campement arabe.

D. Des tentes ?

R. Des douars.

D. Comment s'appelle cette réunion de douars ?

R. C'étaient les douars des Ouled-bou-Yahia, campés à ce moment non loin de Tamerza.

D. Votre père avait des griefs contre ces gens-là ?

R. C'étaient des ennemis qui nous avaient fait beaucoup de mal.

D. Des ennemis déclarés ?

R. Oui. Ce qui motivait cette expédition, c'est que précédemment les Ouled-bou-Yahia nous avaient tué un cheikh, et nous avions crié vengeance.

D. Les Hammamas avaient profité de votre misère, à vous Nemenchas, à la suite d'une disette, pour vous accabler ?

R. Ils avaient profité de notre situation et de la misère qui avait affaibli notre pays. Les Ouled-bou-Yahia et les Hammamas avaient installé des postes de surveillance, et chaque fois qu'une caravane de chez nous se rendait dans le Djérid pour le commerce, elle était pillée.

D. C'était ôter leurs moyens d'existence aux gens de votre pays ?

R. C'est le pays où nos pauvres gens vont acheter leurs provisions : le chemin leur en était connu.

D. Vous avez beaucoup souffert quand les Nemenchas ont été affaiblis à ce point ?

R. La misère en a tué un grand nombre.

D. Ils ont perdu leurs bestiaux?

R. Les gens des Nemenchas n'ont commencé à mourir de faim que lorsque l'épizootie s'est déclarée : c'est le manque de bestiaux qui a amené la mort des hommes.

D. Quelle est la cause de celle des bestiaux ?

R. Le manque de pluie a fait qu'il n'y avait pas d'herbe, c'est pourquoi les bestiaux sont morts.

D. Vous avez perdu aussi beaucoup d'hommes ?

R. Un grand nombre est mort de misère.

D. Vous vous êtes trouvés hors d'état de lutter contre vos ennemis, les Hammamas.

R. Nous ne pouvions plus rien faire contre eux.

D. Avant la disette vous étiez de force pour résister aux gens de cette tribu ?

R. Les Hammamas sont nombreux, eux, mais nous étions les plus forts avant la disette.

D. Vous n'en abusiez pas ?

R. Nous nous rendions les uns chez les autres ; tantôt c'étaient eux qui venaient et tantôt nous qui allions chez eux.

D. Lorsque votre père a razzé les Ouled-bou-Yahia, il avait à sa suite tous les goums des trois fractions des Nemenchas ?

R. Il y avait quatre caïds réunis : mon père Gabah, caïd des Brarchas ; Ahmed Chaouch, caïd des Ouled-Rechaich et Belkassem ben Naceur Mecheri.

D. Votre père avait-il reçu des instructions pour cette entreprise ?

R. Je ne sais si mon père avait l'autorisation ; mais on ne peut pas mettre en mouvement quatre goums sans en avoir reçu l'ordre. Moi, je n'étais pas présent ; mon frère y était.

D. Votre père a été tué et abandonné assez lâchement par les goums ?

R. Son cadavre est resté entre les mains de l'ennemi.

Vingt jours après la mort de mon père, je réunis des cavaliers, les hommes de cœur de la tribu, pour retrouver avec leur aide le corps de mon père ; nous avons retrouvé ses restes que nous avons rapportés.

D. Pourquoi avez-vous été rejoindre le goums des Brarchas, le 15 avril ?

R. Je me trouvais dans le bordj de Chéréâh, au milieu de la fraction dont je suis le cheik. J'étais alors souffrant, malade. De cet endroit à celui où les goums étaient réunis, il y avait une distance de six heures environ. Un cavalier est venu et m'a dit : Mohamed ben Ali m'a chargé de t'annoncer que les goums étaient rassemblés. J'avais vu quelques cavaliers, mais je ne savais pas quel était leur but.

M. le président. — Cela se passait le 15?

R. Je ne puis pas préciser la date; c'était le jour de la razzia, au matin, vers sept heures.

M. le colonel Bocher, commissaire impérial spécial. — Ce n'est pas possible! L'accusé se trompe, puisqu'il a dit qu'il se trouvait à six heures de l'endroit où les goums s'étaient réunis. Or, les goums sont montés à cheval à six ou sept heures du soir.

Quand le cavalier est venu de la part de Mohamed ben Ali vous dire de le rejoindre, avez-vous pu voir quelle direction suivaient les autres cavaliers?

M. le président. — Vous avez vu à six heures du matin passer des cavaliers?

R. C'est au moment où le messager de Mohamed ben Ali est venu me prévenir. La plaine où se trouve le bordj de Chéréàh est très-étendue. On y découvre à une grande étendue les gens qui la traversent. J'ai donc aperçu des cavaliers, mais je n'ai pas su où ils allaient.

D. C'est le 15, à sept heures du matin, qu'un cavalier est venu vous dire... quoi?

R. Il m'a dit de la part du caïd Mohamed ben Ali de prendre mes armes et de le rejoindre immédiatement. L'ordre était donné pour moi personnellement, parce que le caïd, de sa propre autorité, avait fait prévenir les gens de la tribu directement, sans mon intermédiaire.

D. Vous avez exécuté l'ordre que le cavalier vous avait transmis?

R. Je suis cheikh; le caïd donne un ordre, je l'exécute. J'étais excessivement malade et, n'eût été la crainte de désobéir au caïd, je serais resté chez moi.

D. Avez-vous demandé pourquoi il fallait monter à cheval aussi brusquement?

R. Non, je n'ai pas interrogé; je n'ai posé aucune question en présence d'un tel ordre.

D. Ce n'est pas croyable. Quand on vous dit : Montez à cheval! montez à cheval! on demande au moins pourquoi. C'est la première question qu'on fait.

R. C'eût été inutile, parce qu'un caïd donnant l'ordre de monter à cheval, ne va pas dire au cavalier qui le transmet quel est le but de la course...

D. Vous êtes fort disciplinés ! Vous n'avez donc pas cherché à savoir pourquoi on vous faisait demander ?

R. Je suis arrivé à Elma-el-Abiod où les goums étaient rassemblés ; j'ai mis pied à terre un peu au Nord de l'endroit où les cavaliers se trouvaient. Je me suis occupé de mon cheval, je l'ai fait boire ; j'ai aperçu Amara ben Ali, au moment où il arrivait avec Salah ben Redjeb et trois autres cavaliers.

D. Venant de Tébessa ?

R. Ils suivaient la route qui vient de Tébessa. — Bientôt, j'ai aperçu le caïd Si Mohamed ben Ali et Amara qui causaient ensemble dans un coin ; puis ils ont commandé de se mettre en marche. J'étais trop loin pour les entendre, mais l'ordre est venu d'eux et les goums sont montés à cheval. Alors, j'ai repris mon cheval à moi.

D. Avez-vous demandé aux gens des goums où on allait, en arrivant ?

R. Je suis monté à cheval et m'adressant à des cavaliers, je leur ai dit : Savez-vous où nous allons ? « Nous allons à la poursuite d'une caravane des Hammamas, afin de l'enlever. »

D. Ils savaient qu'elle était très-peu devant eux ?

R. Je ne sais pas à quelle distance elle pouvait se trouver.

D. On voyait des traces toutes fraîches de son passage ; vous devez en avoir eu connaissance ?

R. Je n'ai pas vu de traces.

D. Vous étiez enchanté d'aller à une attaque contre les Hammamas, vous qui ne respirez que la vengeance ?

R. Soyez persuadé que toutes les fois que l'occasion s'en présentera et que je pourrai tirer vengeance du sang de mon père, que les Hammamas ont versé, je chercherai à le faire. Mais si j'avais su qu'une chose comme celle-là pût m'amener devant un conseil de guerre, je ne l'aurais certainement pas faite.

D. Quel rôle avez-vous joué dans l'attaque ?

R. Si j'avais été prévenu qu'on eût l'intention de faire la razzia sur une caravane d'Hammamas, au lieu d'arriver un des derniers, j'aurais été en tête et j'aurais marché en avant.

D. Vous êtes donc arrivé un des derniers ?

R. Non, pas un des derniers. Pendant la marche des goums (c'était le moment de la chaleur), j'allais paisiblement, parce que j'avais d'atroces douleurs, étant atteint d'une gonorrhée qui m'empêchait de me tenir à cheval. Je causais avec le caïd Belkassem ben Naceur, qui, assez gras, assez obèse, marchait derrière les groupes. Durant le trajet, nous parlions de l'administration de Mohamed ben Ali. Je me plaignais à mon compagnon de route : « Voilà ce qui se passe, lui disais-je, les droits, les terrains que ma famille avait autrefois dans la tribu, à titre d'apanage, nous ne les avons plus. Je regrette cela. Mohamed ben Ali devrait se souvenir que mon père a été caïd de la tribu et me conserver une partie de ces droits. » Lorsque nous nous sommes approchés du lieu où la caravane a été prise, nous avons entendu une fusillade et vu un cavalier qui accourait nous prévenir : « On est devant la caravane. » Il ajouta : « Le caïd Mohamed ben Ali vous dit de venir tout de suite, tout de suite ; il est en colère contre vous, parce que vous êtes en retard. »

D. C'est avec Belkassem ben Naceur que vous faisiez route et que vous causiez de la caravane ?

R. Notre conversation n'est pas tombée sur la caravane : pas un mot n'a été échangé entre nous à ce sujet.

D. Excepté pourtant lorsque le cavalier est venu vous dire : « Arrivez donc! arrivez donc! nous la tenons! »

R. A partir de ce moment, la conversation a cessé, interrompue par l'arrivée du cavalier. Aussitôt qu'il m'eut prévenu, j'ai filé pour mon compte ; je suis parti au galop, parce que je craignais que, si je restais en retard, le caïd ne se fâchât encore davantage et ne me fît destituer. Quant à Belkassem, il resta en arrière. Lorsqu'il arriva au lieu de la rencontre, la caravane était razzée ; il y avait un homme de chez nous tué.

D. Il n'y avait pas encore d'Hammamas tués ?

R. Quelques-uns des gens de la caravane étaient tués. Il y avait deux chevaux blessés. Je suis arrivé au moment où les cavaliers se précipitaient, se ruaient sur la caravane ; j'y suis entré en même temps qu'eux.

D. Vous étiez à la première entrée des cavaliers dans la caravane ?

R. Les cavaliers sont entrés au milieu de la caravane ; je m'y suis jeté avec eux.

D. Alors, qu'avez-vous fait ?

R. J'ai fait feu comme tout le monde ; j'ai tiré à gauche, à droite, partout.

D. Vous en avez tué plusieurs ?

R. Je ne sais pas si j'en ai tué beaucoup, ou peu, ou pas du tout.

D. A-t-on coupé la tête aux morts ?

R. Quant aux têtes, je ne sais pas si on en a coupé; mais seulement j'ai ouï dire que des serviteurs du caïd avaient coupé les oreilles à un individu.

D. A un mort ?

R. A un mort.

D Pourquoi ?

R. C'est leur affaire, je n'en sais rien.

D. Vous avez sans doute autre chose à nous dire ?

R. Questionnez-moi, je vous répondrai.

D. Vous avez tué un juif ?

R. Non.

D. Vous avez vu des individus sans armes à côté de Salah ben Redjeb, et quoique celui-ci vous eût averti de leur nationalité, vous en avez tué un et blessé un autre.

R. Je répète ce que j'ai dit tout à l'heure : je suis entré au milieu de la confusion; je ne sais pas si oui ou non j'ai tué ou atteint quelqu'un.

D. Vous étiez à cheval, n'êtes vous pas descendu ?

R. Je n'ai pas mis pied à terre.

D. Un des juifs plaidait pour sa vie. Vous, El Hafsi, vous lui avez donné de balles à tenir dans la main ; puis vous avez chargé votre fusil de poudre et de balles, que vous avez renvoyées au même israélite en tirant dessus. Mais vous auriez manqué celui que vous visiez et vous auriez tué son voisin.

R. C'est faux, c'est inexact ; qu'avais-je à faire aux juifs ? Ils n'étaient pas mes ennemis, je n'aurais pas voulu les tuer.

D. Vous entendez des témoignages tout autres.

R. Tout ce qui a été raconté au sujet de cette affaire est une histoire montée, inventée par des individus qui en veulent à ma fortune ; ils savent que mon père m'a laissé quelque bien, ils m'accusent pour obtenir ma condamnation et avoir mon argent ; mais il est parfaitement connu, et l'on sait bien que je ne m'amuse pas à tuer des juifs, ce ne sont pas des juifs que je veux tuer. Mon père était un vieux serviteur du gouvernement français, je le sers aussi depuis longtemps ; il n'a jamais fait et je ne ferai jamais une chose qui pourrait déshonorer notre nom.

D. Peut-être, dans un moment d'emportement, quand votre soif de vengeance n'était pas assouvie, et que vous n'aviez pas eu occasion de tuer, aimiez-vous mieux tuer un juif que de ne pas tuer du tout ?

R. Non. Nous avons l'habitude, nous, Arabes, quand nous nous battons, et toutes les fois que nous avons tué un ennemi, de rapporter quelque chose de lui, burnous ou fusil, pour le montrer. A la connaissance des goums, je n'ai rapporté rien absolument. Mon but était la vengeance, et au milieu de la masse des ennemis, j'ai fait feu sans chercher à tuer tel ou tel plutôt qu'un autre.

Le commissaire impérial spécial Bocher. — Pour terminer, je désirerais savoir si El Hafsi avait un fusil à un coup ou à deux coups.

R. A deux coups.

M. le président. — L'avez-vous chargé et déchargé plusieurs fois ?

R. Ce qui se passe dans un moment semblable, on ne peut pas se le rappeler ; l'individu qui vous dira : Je n'ai pas fait feu un certain nombre de fois ; mentira.

D. La question est de savoir si vous avez rechargé votre fusil ; je ne vous demande pas le nombre de fois.

R. Tout s'est fait avec une rapidité extraordinaire ; mais dans ma pensée, je crois que je ne l'ai pas rechargé. Du reste, nous étions cent cinquante cavaliers ; nous arrivons, nous faisons feu ; c'est fini immédiatement.

Le commissaire impérial spécial. — Il faut clore l'incident des trois balles. El Hafsi avait un fusil à deux coups ; qu'il ait mis deux balles dans la main du juif, je me l'explique parfaitement ; mais qu'il lui en ait donné trois, je cesse de le comprendre. Il aurait mis deux balles dans un canon et une dans l'autre. Avec trois balles dans un fusil à deux coups, cela ne m'étonne plus qu'il ait manqué le juif.

Je voudrais poser une question au témoin ; car, en dehors de l'homicide qu'on reproche à El Hafsi, il n'est pas poursuivi pour attaque de la caravane. Sur les faits qui précèdent le massacre, il n'est donc plus que témoin.

Lorsque Amara est arrivé de Tébessa pour aller à Elma-el-Abiod, El Hafsi les a bien vus aller à l'écart avec Mohamed ben Ali, et c'est après leur conversation que, les chefs étant réunis, on a transmis l'ordre venant de l'autorité ou venant d'Amara.

R. Si Amara ben Ali a causé seul avec son frère, le caïd des Brarchas ? Je les ai vus, de mes yeux vus. J'étais assez loin pour ne pas les entendre. Lorsque Amara ben Ali est arrivé par la route, venant de Tébessa, il s'est approché de Mohamend ben Ali ; ils se sont mis un peu à l'écart de la masse du goum et se sont tenus là ensemble à causer.

D. Combien de temps ?

R. Je ne puis pas préciser, parce que je m'occupais de mon cheval.

D. Quelques minutes....

R. Pas longtemps.

D. Amara a-t-il ordonné la marche sans descendre de cheval ?

R. Mohamed ben Ali était à pied ; Amara est descendu de cheval pour causer avec lui; puis ils ont donné l'ordre de partir. Peu de temps après, le goum s'est mis en marche.

D. A-t-on réuni les chefs et le caïd Belkassem ben Naceur pour leur communiquer l'ordre que selon Amara il avait reçu à Tébessa et transmis au goum?

R. Je ne puis rien dire à ce sujet, vu que j'étais en dehors de ce qui se passait; je m'occupais de mon cheval; j'ignore absolument ce qu'on a fait; je ne sais pas si les chefs ont été réunis ou non.

D. Constatons seulement, d'après le témoignage d'El Hafsi ben Gabah, qu'à son arrivée de Tébessa le frère du caïd Mohamed ben Ali lui a parlé à l'écart, et que Belkassem n'était pas présent à l'entretien; il n'a donc pu avoir connaissance de ce qui a été dit.

Me Jules Favre. — On pourrait compléter l'interrogatoire de l'inculpé, en ce qui touche les faits qui ont eu lieu à Tébessa lorsqu'il y est rentré. Il a eu là une altercation avec un agent de police. Voudriez-vous être assez bon, monsieur le président, pour l'interroger?

M. le président. — A l'occasion du juif tué, vous avez eu un démêlé sur la place avec Abraham Sotto. Vous avez aussi recu, à cette occasion, de Salah ben Redjeb et Mohamed ben Ali, des reproches à la suite desquels, irrité, vous êtes immédiatement parti pour Tébessa ?

R. Il n'a pas été question de cela du tout. Salah ben Redjeb ne m'a pas fait des reproches; nous n'avons pas échangé une parole au sujet d'un homme tué.

D. Etes-vous parti seul pour Tébessa, ou bien avec tous les autres ?

R. Après que la caravane fut enlevée, le caïd Si Mohamed ben Ali a dit à tout le monde : « Moi, mes frères et mon entourage, nous allons rester autour de la caravane pour la garder, » en prenant pour prétexte que nous n'étions pas présents à la razzia et en ajoutant : « Elle nous revient à nous, c'est nous qui l'avons prise, et, du reste, un de nos cavaliers a été tué pour cette affaire. »

D, Parlez-nous de votre arrivée à Tébessa et de ce qui s'y est passé ?

R. Je quittai les goums : j'allai à Elma-el-Abiod, où je passai la nuit avec mes gens. Le lendemain, au point du jour, je me rendis à Tébessa. Je partis assez rapidement, parce que mes deux frères étaient malades et que je tenais à les voir, Quand je suis arrivé à Tébessa, je trouvai le caïd de la ville et le sous-lieutenant Ben Dris assis devant la porte du cercle militaire. Ils me questionnèrent et me dirent : « D'où viens-tu ? »

D. Vous êtiez un des premiers arrivés?

R. Il est possible que j'aie été le premier. Ils me dirent donc : « D'où viens-tu ? » Je leur répondis : « Nous venons d'enlever une caravane d'Hammamas. » Les caïds à ce moment n'étaient pas encore de retour à Tébessa. Celui de cette ville et Ben Dris me dirent : « Tu devrais prévenir l'autorité. » Je leur déclarai que n'étant que cheikh ce n'était pas mon affaire. Telle a été ma première réponse : Ce n'est pas mon affaire ; c'est le caïd qui rendra compte de ce qui s'est passé.

D. Le lieutenant Ben Dris ne savait pas encore la nouvelle, le caïd de Tébessa non plus ?

R. Ils ne savaient rien encore quand je leur appris ce qui s'était passé ; réfléchissant, ils me dirent qu'il serait peut-être convenable d'aller au bureau arabe ; je m'y rendis et j'y vis M. le capitaine de Boyat ; j'arrivai à peu près à dix heures du matin ; il allait partir pour déjeuner. Je lui dis : « Les Hammamas sont morts, la caravane est enlevée. » Voilà ce que je lui ai dit, et le capitaine de Boyat est allé déjeuner sans rien répondre. Nous nous sommes séparés, il était dix heures.

D. Le capitaine de Boyat savait déjà ce qui était arrivé ?

R. Je l'ignore. Du reste, il est évident, pour qui réfléchit, que si le capitaine de Boyat l'avait su le premier, il m'aurait posé la question : « Qu'avez-vous fait de la caravane ? » au lieu d'attendre que je le lui dise moi-même. Il ne m'a dit ni ceci ni cela

D. Parlez-nous de votre différend avec Abraham Sotto, agent de police de Tébessa.

R. La troisième journée après la prise de la caravane, le 17 avril, je passais dans une rue de Tébessa, lorsque je vis Abraham Sotto, agent de police, qui, avec des indigènes israélites, me suivait dans la rue, m'insultant et disant : « Tueur de juifs ! tueur de juifs ! tu verras ce que nous ferons de toi. » En m'entendant injurier de cette manière, j'ai été profondément vexé, d'autant plus que je savais ne pas avoir tué de juifs. Alors, j'ai compris qu'on cherchait à me causer ce tracas, cet ennui, parce qu'on en voulait à ma fortune ; c'est pour la même raison et parce qu'on savait que j'étais riche qu'on tâchait de décharger le caïd Mohamed ben Ali de l'espèce de responsabilité qu'il avait assumée pour la rejeter sur moi. Je suis allé alors immédiatement trouver M. de Boyat et je lui ai dit : « Je viens d'être insulté grossièrement par Abraham Sotto. » M. de Boyat m'a répondu : « Dans cette discussion survenue entre toi et cet israélite, ce n'est pas moi, officier des affaires arabes, qui dois entendre ta plainte. Il faut porter ta réclamation au commandant de place, qui remplit les fonctions de juge de paix. » Comme je ne savais pas où demeurait le commandant de place et que, d'un autre côté, je ne pouvais point parler français, je me rendis dans la maison du caïd de Tébessa, chez qui se trouvait le lieutenant Ben-Dris. Je le priai de me servir d'interprète pour faire ma plainte au commandant. J'ajouterai que le caïd de Tébessa et Ben Dris étaient en train de déjeuner. Ils me dirent : « Prends part à notre repas. — Non, leur répondis-je, je suis tellement en colère que je n'ai pas faim, je ne veux pas manger. » Ils insistèrent en disant : « Mange avec nous et après déjeuner nous te conduirons chez le commandant de place. » Je cédai à leurs instances ; je leur parlai de l'injure que m'avait faite Abraham Sotto ; puis, nous nous rendîmes auprès d'un officier dont je ne me rappelle pas le nom ; nous fîmes une déclaration et nous exposâmes la plainte qui nous amenait. Il a pris note immédiatement de tous les détails que nous lui donnions, et il nous a dit : « Portez ce billet chez M. Fargues. » Nous avons trouvé Mme Fargues, qui nous a dit : « Mon mari n'est pas ici, il est absent ; allez au cercle, peut-être l'y trouverez-vous. » Nous sommes allés au cercle et, arrivés à la porte, comme dans la salle se trouvaient beaucoup de personnes, le commandant supérieur, M. de Boyat, etc., Ben Dris est resté dehors ; je suis entré le papier à la main. Lorsque le capitaine de Boyat me vit avec ce billet, il se leva, vint à moi, me prit le papier que j'avais à la main et le donna au commandant, qui le lut et dit : « Viens, sortons du cercle ; » et nous sortîmes.

D. Le papier était ouvert ; ce n'était pas une lettre cachetée ?

R. C'était un bout de papier, plié et non cacheté.

D. Sans adresse ?

R. Il n'y avait pas d'adresse.

D. C'était une sorte de note ?

R. Oui, une note ; ce n'était pas une lettre. Le commandant m'a dit : « Que fais-tu ici ? Retourne dans ta tribu. Tu n'es pas responsable de cette chose, c'est le caïd ; ne t'en inquiète pas, va-t-en chez toi ; s'il y a quelqu'un à poursuivre, c'est Mohamed ben Ali. Rentre dans ta maison. Nous savons que tout ce qu'on raconte au sujet du juif est mensonge ; par conséquent reste tranquille et regagne ton pays. » Ensuite le commandant supérieur a envoyé chercher Abraham Sotto et lui a parlé en français ; je n'ai pas compris ce qu'ils disaient. Après cela, je suis monté à cheval et suis parti.

Le commissaire spécial. — Dans sa déposition, quand El Hafsi est arrivé à Tébessa, on lui demande : « Quel accueil avez-vous reçu du commandant supérieur ou du chef du bureau arabe ? » Il répond : « Je ne me suis rencontré qu'avec le chef du bureau arabe. Il m'a dit : « Qu'avez-vous fait ? » J'ai répondu que la caravane avait été tuée. Il n'a pas eu l'air de faire attention à ma réponse. Comme je ne suis que cheikh, l'autorité ne cause pas avec nous. » Ce qu'il vient de dire est un peu différent. A-t-il rencontré M. de Boyat au bureau arabe ou dans la rue ?

R. J'ai été le voir au bureau.

D. Il a dit que les cheikhs ne causaient jamais avec l'autorité. Alors, qu'allait-il faire au bureau ? D'un autre côté, ne pourrait-il pas nous expliquer le sens de ces paroles : « Qu'avez-vous fait ? » Est-ce un reproche ou une question ?

M. le président. — Est-ce M. de Boyat qui a pris la parole le premier ?

R. C'est moi qui ai pris la parole le premier.

M. le commissaire spécial. — C'était le 17 ?

Me Jules Favre. — C'était le 16.

Le commissaire spécial. — Etait-ce le 16 ou le 17 ?

R. Ce peut être le 16, puisqu'il est arrivé ce jour-là à Tébessa.

M. le président. — C'est le jour de son arrivée à Tébessa ?

R. Oui ; le 16.

Le commissaire impérial. — Il serait donc le premier à donner la nouvelle au bureau arabe. Alors le chef du bureau arabe ferait tout simplement une question sur ce qui s'est passé.

Me Olivier. — Il a déclaré tout à l'heure que M. de Boyat ne lui avait rien dit, qu'il ne lui avait fait aucune question. Maintenant, c'est M. de Boyat qui l'aurait interrogé le premier !

Le commissaire impérial. — Il est fort difficile d'obtenir des Arabes qu'ils disent la vérité.

M. le président. — Vous venez de dire que M. de Boyat vous avait demandé : « Qu'avez-vous fait ? » et que vous vous êtes borné de répondre à cette question.

R. Non, je n'ai pas dit cela ; et du reste vous devez vous rappeler que, dans l'instruction, lorsqu'on m'a fait lecture de ma déclaration précédente, j'ai rectifié ce passage, en disant au juge d'instruction que je le faisais, parce que la première fois je n'avais pas dit une chose exacte. C'est moi qui ai parlé le premier.

Le commissaire spécial. — Les mots : « Qu'avez-vous fait ? » sont-ils une simple question que M. de Boyat lui pose ?

Me Jules Favre. — C'est un détail de peu d'importance.

Le commissaire spécial. — Je voulais éclaircir ce doute.

M. le président. — El Hafsi ben Gabah, vous êtes accusé d'avoir, le

15 avril 1869, dans la gorge d'El-Kachoum, en dehors de l'attaque de la caravane et sans motifs, commis un homicide volontaire sur la personne du juif Nani ?

R. Je ne désavoue pas les faits ; j'étais présent à la razzia : j'avais obéi.

M. le président. — C'est l'assassinat de Nani qu'on vous reproche.

R. Quant à l'affaire de Nani, je n'ai rien à répondre ; je ne sais pas si j'ai tué Nani plutôt qu'un autre.

L'audience est suspendue pendant quelques instants.

AMARA BEN ALI.

M. le président. — Vous êtes frère du caïd des Brarchas ?

R. Oui.

D. Vous avez cinq frères ?

R. Oui.

D. Le dernier est-il jeune ?

R. Il est très-jeune.

D. Avant l'affaire de la caravane, vous étiez allé à Négrin ?

R. J'étais allé à Négrin pour certaines affaires. J'en suis revenu avec le chef, en passant au douar.

D. Etes-vous passé par le douar de votre famille ? Vous n'y avez pas trouvé vos frères ?

R. Je suis revenu par le douar, mais je n'ai pas vu mes frères.

D. Vous n'avez vu personne ?

R. Mon frère le caïd n'était pas là.

D. Vous avez rencontré vos autres frères, entre autres Ahmed ben Ali ?

R. Non, je ne l'ai pas vu. Ahmed ben Ali et Mohamed ben Ali sont les deux aînés. Quand je suis revenu, ils n'étaient pas au douar. J'y ai passé une nuit et la journée du lendemain.

D. Combien de temps avant l'enlèvement de la caravane ?

R. Pendant la journée que je suis resté au douar, mon frère le caïd y est venu. Le lendemain, je suis allé à Tébessa, où j'ai passé trois ou quatre jours.

D. Vous venez de dire que votre frère le caïd était venu le jour même où vous étiez au douar ; comment ne l'avez-vous pas vu ? Vous vous êtes coupé là !

R. Mon frère était absent lorsque je suis arrivé. J'ai passé une nuit au douar. C'est le lendemain que mon frère est arrivé; passant à Cheréah, nous nous sommes vus.

D. Vous avez vu votre frère le caïd ; vous avez vu aussi Ahmed ?

R. Je l'ai vu également.

D. Vous avez causé avec eux. A-t-il été question d'une caravane à enlever ?

R. Non; il n'a pas été question de caravane en ce moment.

Le commissaire spécial. — Non ?

M. le président. — Enfin, lorsque vous êtes parti du douar pour aller à Tébessa, ni l'un ni l'autre de vos frères aînés ne vous avaient parlé d'une caravane à enlever ?

R. Mon frère Ahmed ne m'en avait rien dit à moi directement, mais il avait eu une conversation avec mon autre frère le caïd. Au moment où je mettais le pied à l'étrier, pour venir à Tébessa, mon frère Mohamed m'a parlé de l'affaire de la caravane.

D. Qu'est-ce qu'il vous a dit?

R. Mon frère le caïd m'a dit : « Notre frère Ahmed est allé à Tébessa; il a eu, relativement à une caravane, une conversation avec l'autorité de Tébessa, à laquelle j'ai écrit à ce sujet. » Mon frère Mohamed ajouta : « Quand tu arriveras à Tébessa, tu t'adresseras à l'autorité pour savoir si la demande faite au sujet de la caravane doit être considérée comme une chose sérieuse ou non. »

D. Votre frère attendait donc une réponse à sa lettre? Je demande si oui ou non il attendait une réponse à la lettre qu'il disait avoir écrite à l'autorité de Tébessa, au sujet d'une caravane.

R. Il m'a dit : « J'ai écrit une lettre; lorsque tu arriveras à Tébessa, tu demanderas une réponse. »

D. Cela se passait le 12. La réponse est partie ce soir-là, et vous le 13.

Le commissaire spécial. — Il est arrivé le 12 au soir.

M. le président. — C'était le jour où la lettre partait pour Tébessa; vous vous êtes donc croisé avec la réponse. Parvenu à Tébessa qu'avez-vous fait ?

R. Je suis arrivé à Tébessa dans la soirée. Je me suis rendu chez Mohamed ben Hassein, et de là au bureau arabe, à la porte duquel je trouvai le chef, M. de Boyat, debout. Après avoir échangé les salutations, il m'a demandé quelques indications au sujet des gens de Négrin. Puis : « As-tu entendu parler d'une caravane venue sur le territoire ? » J'ai répondu : « Oui, j'en ai entendu parler. »

D. Avez-vous demandé à M. de Boyat de quelle caravane il voulait parler?

R. J'ai causé avec M. le chef du bureau arabe. Il m'a dit : « Cette caravane est venue sur notre territoire. Une partie s'est dirigée du côté de Soukaras, et, lorsqu'elle reviendra sur ses pas pour rentrer dans le pays, il faut la surveiller, afin de l'enlever à la limite. »

D. A la limite de quoi?

R. La limite de la frontière, de notre territoire.

D. Vous prétendez qu'il s'agissait de la partie de la caravane qui allait à Soukaras?

R. M. de Boyat parlait de la caravane qui était en partie à Soukaras et à Aïn-Beïda.

D. Il désignait l'ensemble de la caravane?

R. Oui; parce que cette caravane, venue groupée en masse, s'était ensuite divisée pour gagner Soukaras et Aïn-Beïda.

D. Avez-vous fait la commission de votre frère, et demandé si on avait envoyé une réponse à sa lettre?

R. Le chef du bureau arabe a dit : « Quant à la réponse à la lettre de ton frère, lorsque ces gens-là repasseront à travers le pays pour retourner chez eux et qu'ils arriveront à la limite du territoire français, vous les enlèverez. »

M. le président. — Vous a-t-il dit si la réponse était partie, oui ou non?

R. Non, il ne m'a pas parlé d'une réponse à la lettre de mon frère le caïd.

D. Lui avez-vous demandé de la part de votre frère le caïd s'il avait répondu à la lettre que Mohamed ben Ali lui avait écrite?

R. Non, je ne lui ai pas demandé s'il avait fait cet envoi.

D. Chaque fois qu'il s'est trouvé avec M. de Boyat, il prétend que celui-ci lui a dit : « Enlevez la caravane. » Il ne veut pas sortir de là.

M. le commissaire spécial. — Qu'on laisse l'accusé faire le récit de ce qui s'est passé. On verra par là que rien ne concordera avec ce qu'il a répondu. Je demande instamment qu'on lui permette de parler seul, sans le presser de questions, et de raconter les faits depuis son arrivée à Tébessa.

Me Lucet. —Comment pouvez-vous dire qu'il n'y aura pas concordance entre les deux récits? Vous jugez sans avoir entendu.

M. le commissaire spécial. — Il vous en a déjà fourni la preuve.

Amara. — Le lendemain du jour où j'étais arrivé et où je m'étais présenté au bureau arabe, j'y retournai vers huit heures du matin. Après avoir parlé d'affaires de service, je dis à M. le capitaine de Boyat: « Avez-vous quelque chose à ajouter au sujet de la caravane ? » Il me répondit : « Je n'ai rien à dire que ce que je t'ai dit hier soir. » Il me donna deux lettres. Elles étaient adressées l'une au caïd mon frère, et l'autre au caïd Si Belkassem ben Naceur. Je mis les lettres dans ma poche. C'était un peu avant dix heures. Craignant de trouver M. le commandant supérieur à déjeuner et de ne pas le voir, je me pressai et j'allai chez lui immédiatement; j'entrai et nous parlâmes de l'affaire de Négrin. Alors entra M. de Boyat. Je partis et me rendis chez Si Mohamed ben Hassein, puis je me mis à la recherche d'un cavalier pour l'envoyer à mon frère. Je sortis avec les deux lettres. Je ne trouvai qu'un homme des Sellaouas, qu'on appelle Brahim... je ne me rappelle pas son autre nom. Il est fils de je ne sais qui. J'entrai dans la maison de Si Mohamed ben Hassein, qui causait avec un de ses amis.

Je lui parlai à l'oreille et lui dis : « J'ai vu le chef du bureau arabe, qui m'a donné un ordre à transmettre à mon frère. Ecris-lui une lettre, de ma part, pour lui faire connaître que M. de Boyat a dit qu'il fallait enlever la caravane, et que c'était par ordre du commandant. » Si Mohamed ben Hassein a donc fait cette lettre, je l'ai prise et donnée, avec les deux autres que je tenais du bureau, à l'homme, qui m'avait accompagné. Si Mohamed ben Hassein m'a fait aussi, pour un chef de douar, un autre mot d'écrit, dans lequel je disais à El Hadj Mamer : « Dès que ces lettres te parviendront, je te prie de les transmettre le plus tôt possible à mon frère. » Je les ai confiées à Brahim, qui est parti. J'ai passé la nuit à Tébessa. Le lendemain matin, je n'avais fait communication de cette nouvelle à personne, lorsque je rencontrai le cavalier Mohamed ben Mahmoud, qui me parla ainsi : « J'ai entendu dire en ville que la caravane qui se trouvait sur le marché de Tébessa avait l'intention de partir, et que l'autorité avait donné l'ordre de la razzer. » Il voulait s'en aller, mais je lui dis : « Ne pars pas encore; j'ai une commission à te faire faire. » Le lendemain, au point du jour, j'expliquai à Mohamed ben Mahmoud l'ordre que j'avais reçu et je lui dis : « Va-t-en voir mon frère le caïd; il a les instructions nécessaires, il sait ce que c'est; va-t-en le trouver, et préviens-le que les gens de la caravane sont en marche. »

M. le président. — C'était le 15 au matin?

M. le commissaire spécial. — Nous ne sommes encore qu'au 14, mon général.

Amara. — La totalité s'était mise en marche...

M. le président.— Vous dites que le 14 une partie de la caravane était en route. De quelle partie voulez-vous parler ?

R. Je veux dire que les goums qui la composaient ayant l'intention de se mettre en route, se disposaient, se préparaient à partir. Le lendemain, 15, n'ayant rien appris, n'ayant reçu aucune nouvelle, je suis allé au bureau arabe, et après y avoir causé avec M. de Boyat, je lui ai dit : « J'ai dessein de m'en aller. » Il m'a répondu alors : « Tu peux partir. » Je lui avais fait mes adieux, et je sortais, lorsqu'en arrivantt sur la porte, j'ai aperçu des gens qui venaient; c'étaient : Ali ben Mohamed, Ali ben Belkassem, Mohamed ben Younès, mon chaouch, et Salah ben Redjeb.

M. le président. — Dans cette conversation, où vous avez fait vos adieux à M. de Boyat, celui-ci vous a-t-il renouvelé l'ordre de razzer la caravane ?

R. Non ; il ne m'a dit rien autre que ces mots : « Tu peux partir. » Salah ben Redjeb est venu vers moi, à la porte du bureau arabe et m'a parlé ainsi : « J'étais en marche pour retourner dans ma tribu, lorsqu'à Hamba, j'ai rencontré des cavaliers qui amenaient des chevaux de la part de Mohamed ben Ali. Ils étaient chargés de te transmettre cette recommandation : « Avant de quitter Tébessa, ne manque pas de voir le chef « du bureau arabe. »

D. Est-ce le chef du bureau arabe ou l'autorité que vous voulez dire ?

R. L'autorité. Du reste, toutes nos affaires se font au bureau arabe. Lorsque je suis entré, M. de Boyat m'a dit : « Qu'y a-t-il ? » Je lui ai répondu : « Voilà des cavaliers qui viennent de la part de mon frère le caïd pour me prévenir que les goums sont rassemblés. » Le chef du bureau me dit : « Va, laisse dépasser à la caravane la limite du territoire français, et prenez-la. » J'ai laissé là les cavaliers ; ils ont pris ce qu'il fallait ; je me suis rendu à la maison de Si Mohamed ben Hassein, et je suis monté à cheval. J'avais dit à Salah ben Redjeb : « Mon frère te charge de lui apporter du sucre et du café ; » mais j'avais pris moi-même ces provisions. Nous nous sommes mis en route pour rejoindre le caïd ; j'étais monté sur une mule et nous avons filé. Je suis allé, avec ceux qui m'accompagnaient et avec d'autres, jusqu'à Elma-el-Abiod. En arrivant, j'ai trouvé les caïds qui étaient sur un rocher, à un endroit peu éloigné de la station des goums. Ceux-ci étaient dispersés à droite et à gauche. J'ai mis pied à terre ; j'ai donné ma mule à garder et je me suis approché de mon frère le caïd et du caïd Belkassem ben Naceur. J'ai causé avec eux ainsi qu'avec d'autres personnes, avec des chefs dont je ne me rappelle pas les noms, et qui nous entouraient, de l'ordre transmis au nom de l'autorité. Plusieurs cheikhs et des gens qui passaient ont entendu notre conversation. A ce moment, El Hafsi ben Gabah s'est approché de nous, après avoir lavé le bas de son burnous, qui s'était sali. Il a pu saisir ce que nous disions.

M. le président. — El Hafsi le nie complétement.

R. Mohamed ben Ali ayant pris la fuite, tous ceux qui restent dans le pays cherchent à rejeter la faute sur lui et chacun ne veut pas avoir assisté à l'affaire. Si on écoutait tout le monde, personne n'aurait été au massacre. Pourtant quelqu'un a tué les gens de la caravane. Lorsque Mohamed ben Ali a été nommé au commandement des Brarchas, on ne lui a pas dit : « Tu seras le premier caïd dans le pays. » Belkassem l'était aussi bien que lui; ils étaient autant l'un que l'autre, et celui-ci pouvait nous ordonner quoi que ce fût, comme celui-là.

D. El Hafsi prétend que personne n'a rien entendu de votre conversation avec Mohamed ben Ali. Il ment?

R. Moi, je ne mens pas.

D. La veille de votre départ de Tébessa, vous avez été chez le commandant supérieur. Le commandant supérieur le nie. Pourquoi êtes-vous allé chez lui ?

R. Je suis allé chez M. le commandant pour parler de l'affaire de Négrin. Si nous n'avions pas été interrompus par le chef du bureau arabe, qui est entré pendant que nous conversions, certainement j'aurais parlé de la lettre de mon frère.

D. Il est incroyable que vous soyez parti de chez le commandant supérieur sans demander une confirmation de l'ordre que vous aviez reçu, sans lui dire au moins : « Le chef du bureau arabe vient de me commander de ta part d'enlever une caravane, » ou quelque chose comme cela.

R. Si j'avais prévu ce qui arrive aujourd'hui, sans aucun doute, j'en aurais parlé d'une manière plus sérieuse, mais à ce moment, je ne cherchais qu'à porter le ravage parmi les Hammamas, pour me venger, parce qu'on nous disait : « Vous ne vous vengez pas ! »

D. Ce sont ces propos qui vous ont excité à combiner le massacre de la caravane, à dire qu'on vous en avait donné l'ordre, que tout le monde désirait la chose, à organiser une active surveillance, et à supposer un ordre que vous transmettiez comme cela?

R. Si l'affaire est grave, elle n'a été faite que par ordre de l'autorité ; si l'affaire est de minime importance, elle a été faite également par ordre de l'autorité. Comment voulez-vous qu'un caïd puisse rassembler, outre huit cheikhs, un grand nombre de cavaliers, sans que ce soit avec l'autorisation de l'autorité?

D. Vous avez commis un crime, vous l'avouez; votre intérêt est d'en rejeter la culpabilité sur un autre; vous vous croyez innocent, si vous dites que vous avez reçu l'ordre ; c'est pourquoi vous le dites.

R. Je n'ai pas d'autre preuve, d'autre raison que celle-ci : c'est que l'autorité m'a donné l'ordre; si l'autorité ne m'avait pas donné l'ordre, immédiatement après l'affaire accomplie, elle m'aurait arrêté.

D. Il y a d'autres considérations. Vous ne pouvez rien prouver, dites-vous; il n'y a pas d'ordre écrit. Mais y a-t-il des témoins? Tous les criminels se tireraient d'affaire avec votre système.

R. Il y a la lettre envoyée au caïd; je ne sais pas ce qu'il y avait dedans. Non, je n'ai pas de témoins; personne n'a rien entendu lorsque l'autorité a ordonné la razzia; mais je ne veux pas mentir. Dès que l'autorité a ordonné de faire cela, je l'ai fait; quand l'autorité m'a dit de massacrer, j'ai obéi.

D. Encore faut-il que vous prouviez ce que vous avancez. Ces ordres si absolus de M. de Boyat sont en contradiction avec ce qu'il a dit. Il ne faut pas, sur la déposition d'un accusé qui veut sauver sa tête, admettre des choses qui ne sont pas du tout prouvées.

R. Il ne m'a pas donné d'ordre écrit; je ne lui en ai pas demandé.

D. On en demande dans ce cas.

R. Du reste, mon frère étant caïd de la tribu, depuis onze mois je servais d'intermédiaire entre lui et l'autorité. Jamais une circonstauce semblable ne s'était présentée. Je ne savais pas s'il fallait un ordre par écrit.

D. C'est vous qui avez entraîné votre frère; c'est vous qui avez machiné l'affaire, c'est vous qui avez, le premier, arrêté la caravane; c'est vous l'âme du complot!

R. Au moment de partir d'Elma-el-Abiod pour aller sur la caravane, le caïd a fait prévenir les cavaliers : « Si parmi vous, dans le goum, il y en a qui aient leurs chevaux blessés ou fatigués, ils peuvent rester en arrière. Nous n'avons pas besoin de les emmener, la caravane étant composée de peu d'individus. » Nous nous sommes mis en route ; nous allions par groupes, dispersés, marchant à droite et à gauche, les uns au trot, les autres au galop ou à l'allure qui leur convenait. Le cavalier qui a été tué était à l'extrême avant-garde, seul, en éclaireur ; il nous précédait de beaucoup, il était tout à fait le premier. Il est revenu et nous a fait signe d'accourir. Nous sommes arrivés au trot vers lui ; il nous a dit : « Les gens de la caravane sont là. » Nous avons envoyé un cavalier en arrière pour prévenir le reste du goum ; nous nous sommes mis à trotter et nous sommes arrivés en présence de la caravane. Elle suivait le lit de la rivière.

Ce lieu était resserré. Quant à nous, nous avons pris le sentier qui était à droite sur un terrain à découvert ; nous sommes arrivés sur une petite hauteur, à droite du chemin que suivait la caravane. Nous entendions chanter et causer entre eux les gens de la caravane. Nous formions un groupe d'une vingtaine de cavaliers qui marchions en avant. Après avoir suivi une succession de mamelons, nous nous sommes trouvés tout à coup au fond du vallon, en présence de la caravane. Dès que les hommes qui en faisaient partie nous ont aperçus, ils ont fait mettre leurs chameaux à genoux et, supposant qu'il n'y avait pas d'autres cavaliers en plus grand nombre que ceux qu'ils voyaient devant eux, ils se sont disposés à l'attaque. Si ces gens-là avaient eu la précaution de laisser leurs chameaux et de se sauver, à travers les touffes de diss, aux environs, nous n'aurions pas cherché à les tuer. Nous aurions enlevé les bêtes, nous n'aurions pas enlevé les hommes. Mais, après avoir établi devant eux, avec leurs chameaux à genoux, une espèce de muraille, ils se sont mis à tirer sur nous. La jument du cheikh Messaoud, des Ouled-Khelifa, a été blessée. Nous sommes retournés, à cette première décharge, derrière un mamelon et nous sommes revenus. En entendant la fusillade échangée entre nous et la caravane, les goums sont arrivés au galop. Un de nos cavaliers, qui s'était trop avancé vers la caravane, a reçu un coup de feu dont il a été tué. Lorsque nos adversaires ont aperçu la masse des goums qui arrivaient de droite et de gauche, ils se sont mis à genoux, accroupis derrière leurs chameaux ; ils sont rentrés dans cette espèce de forteresse d'enceinte. Une femme était au milieu du cercle et poussait le cri des femmes arabes pour encourager les guerriers : *You ! you !* Elle chantait. Quant aux hommes, ils chantaient aussi en faisant feu. Le gros des goums n'était pas encore là, au moment où les gens de la caravane chantaient, et leur espoir était d'enlever nos chevaux, à nous, et de rentrer dans leur pays avec ce trophée de victoire. Enfin, le fort de nos cavaliers est arrivé ; un chameau s'est soulevé sur ses genoux, atteint par un coup de feu, et est tombé sur les autres, qui se sont dispersés, de sorte que les hommes se sont trouvés en rase campagne. Tous les Hammamas qui faisaient partie de la caravane ont pris la fuite, courant à droite et à gauche. Les juifs se sont écartés. A ce moment, nous ne savions pas quelle était leur nationalité. Nous n'entendions pas leurs paroles au milieu du bruit. Un des cavaliers s'est approché d'eux, leur a enlevé leurs burnous. Je me suis dirigé de ce côté, et j'ai saisi l'un des trois, cherchant à le dépouiller pareillement. Mais à ce moment, il m'a crié : « Je suis juif. » Alors, je lui dis : « Ne crains rien, n'aie pas peur. » Il s'est formé un groupe autour des israélites, et on a su quelle était leur origine. On a enlevé leurs vêtements, mais personne ne songeait à les tuer. Moi, j'ai enlevé un haïk à l'un de ces juifs. Je lui ai demandé : « As-tu de l'argent, de la fortune avec toi, quelque chose ? » Il m'a répondu : « De l'argent monnayé, je n'en ai pas ; seulement, j'ai sur un chameau un chargement de marchandises pour 35 douros. »

D. Vous et votre ami Salah ben Redjeb, vous saviez pertinemment qu'il se trouvait de l'argent dans la caravane, puisque vous aviez vu les juifs changer des pièces.

R. Evidemment, les juifs qui font le commerce ont des marchandises. Je n'ignorais pas qu'ils avaient de l'argent. Pendant que je causais avec le juif et que je m'informais de ce qu'il avait, Salah ben Redjeb s'est approché ; je lui ai appris que c'étaient des israélites. Puis, je me suis éloigné en les laissant sous la sauvegarde de Salah ben Redjeb. Je suis allé vers le chameau qui m'avait été indiqué comme porteur de marchandises pour une valeur de 35 douros, d'après le juif. Au moment où j'étais près du chameau, où j'allais le saisir, j'ai entendu une détonation derrière moi. Je me suis retourné. Dans le groupe que j'avais quitté un instant auparavant, un coup de feu venait de partir. Je suis revenu sur mes pas. Le caïd Si Mohamed ben Ali était en colère contre El Hafsi ben Gabah et lui disait : « Comment ! ce juif était sous la protection de Salah ben Redjeb et tu l'as tué ! » Et El Hafsi répondait : « Je ne savais pas si c'était un juif ou un autre individu, et je l'ai tué. » Le massacre continuait à droite et à gauche. Les Hammamas étaient massacrés. Restaient les deux juifs. Mohamed ben Ali leur avait donné quelques lambeaux de linge pour les couvrir, il les mit sous la protection de deux cavaliers pour les conduire jusqu'à une certaine distance entre deux buissons et les fit s'en aller. De son côté, El Hafsi partit avec des cavaliers de sa tribu. Alors, le caïd Mohamed ben Ali, moi et les gens de la fraction, nous sommes restés autour de la prise ; nous avons marché doucement et nous sommes arrivés à Elma-el-Abiod.

D. Vous avez témoigné qu'au moment où les gens de la caravane vous avaient aperçu, vous vous étiez mis à crier : « Marchez ! marchez donc ! allez vite ! »

R. En effet, j'étais sur un mamelon et j'ai dit : « Fuyez ! fuyez ! allez-vous-en vite ! »

D. Dans votre impatience, vous étiez arrivés trop tôt ; vous aviez marché trop précipitamment. Vous auriez voulu ne les rencontrer qu'après la frontière.

R. J'aurais voulu les faire aller dans un terrain plus large où la cavalerie pût agir, car l'endroit était très-resserré. La poudre ayant commencé à parler de leur côté, nous n'avons pu choisir l'emplacement.

D. Votre intention était que la caravane fût enlevé au delà de la frontière? C'est dans ce sens que vous aviez organisé tout votre projet.

R. Je me rappelais la recommandation faite par l'autorité : « Prenez la caravane, prenez-la en dehors de la limite. »

D. Certainement, si votre frère Mohamed ben Ali avait pris la tête, on ne serait arrivé que lorsque la caravane aurait été en dehors de la limite. Mais avec des cavaliers trop ardents, l'affaire a été précipitée.

R. Je ne sais pas ce qu'aurait pu faire mon frère : j'ignore ce qui est dans son cœur; quant à moi, je me suis trouvé là, et comme la limite n'est pas bien précise, c'est une chose que je ne connais pas.

D. La limite est cependant assez remarquable pour que tout le monde dans le pays sache la déterminer. Si c'était au milieu d'une plaine, il est concevable qu'on l'ignore; mais non, elle est indiquée par un col.

R. Ces choses-là sont connues par ceux qui sont au service du gouvernement : ils savent l'emplacement de la limite, tandis que moi, je ne suis pas un homme employé.

D. Vous êtes accusé d'avoir, du 12 au 15 avril, par des machinations et artifices coupables, contribué à l'attaque d'une caravane.

R. Ce que j'ai fait, je l'ai fait par ordre de l'autorité. Nul dans le pays ne peut jamais agir sans prendre les ordres de l'autorité. Un homme veut aller de Tébessa dans une tribu, c'est par ordre de l'autorité qu'il y va. Un voleur commet le moindre petit méfait, aussitôt l'autorité en est prévenue et l'arrête. Je n'ai rien fait, sinon par ordre de l'autorité.

M. de Gallifet. — Je désire demander à l'accusé si, dans son esprit, il pense qu'il soit défendu d'obéir à des ordres quand ce ne sont pas des ordres écrits.

R. J'ignore cette particularité; si vous vous adressiez à mon frère le caïd, il pourrait vous répondre; quant à moi, je suis bourgeois, étranger au service.

M. le commissaire impérial spécial. — Amara a dit qu'il était arrivé le 12 à Tébessa, dans la soirée. Je désire savoir ce qu'il entend par ce mot : Dans la soirée ?

R. Je suis arrivé à Tébessa entre l'heure de l'*asser* et celle de *moghreb*, c'est-à-dire entre quatre heures de l'après-midi et six heures et demie du soir.

D. A quelle heure est-il parti de Sbikha?

R. Le soleil était levé lorsque je suis parti de Sbikha.

D. Où a-t-il déjeuné en route ?

R. Je n'ai pas déjeuné du tout.

D. Il a donc fait tout le chemin d'une seule traite ? Le soleil, d'après l'annuaire des longitudes, se lève, à cette époque, à cinq heures quinze minutes. Arrivé à Tébessa vers cinq heures, il aurait parcouru tout le chemin en onze heures. Or, il sera prouvé par des témoins qu'il faut au moins quatorze heures pour venir de Sbikha à Tébessa. — A-t-il couché dans la maison du taleb Mohamed ben Hassein ?

R. Oui, je suis descendu chez lui.

D. Est-ce le 13 ou le 14 qu'il a rencontré le cavalier Mahmoud ? Il prétend que lorsqu'il a envoyé un second message à son frère Mohamed ben Ali, c'était dans la matinée du 14. Quand a-t-il vu le cavalier qu'il a dépêché à son frère la veille de l'attentat ?

R. Deux cavaliers étaient envoyés, lequel voulez-vous dire ?

D. Le premier, c'est Brahim ; le second, c'est Mahmoud.

R. J'ai envoyé le cavalier Mahmoud le matin, par exemple. J'ai passé la journée à Tébessa et le lendemain, à huit heures, à peu près, je suis allé au bureau arabe, où j'ai reçu les dernières instructions ; puis, je suis parti. C'est la veille que j'ai expédié le cavalier.

D. Dans sa déposition, l'accusé a dit que, le 13, il avait rencontré un cavalier ; que celui-ci, nommé Mahmoud, lui avait parlé le premier de la caravane, et que lui, Amara, n'ayant fait part de ce projet à personne, il avait été fort étonné que son interlocuteur le sût. Il lui avait recommandé de n'en rien dire, car, ajoutait-il, si je ne reçois pas de nouvelles de mon frère, le lendemain j'expédierai Mahmoud. Tout cela n'est pas possible.

Me Lucet. — C'est le 14 au matin qu'il a vu le cavalier et qu'il l'a fait partir. Je ne vois pas ce que vous trouvez d'impossible là-dedans.

M. le commissaire impérial. — Je constate qu'au moment où le cavalier quittait la tête des goums, il y avait déjà un homme tué. Le feu était ouvert, par conséquent Amara n'était pas là quand le feu a commencé. L'a-t-il dit ?

Me Lucet. — Non, le cavalier n'était pas encore tué.

M. le commissaire impérial. — Je l'ai écrit : « Un cavalier était tué quand on est venu me prévenir. »

M. le président. — C'est lui qui a le premier aperçu la caravane.

M. le commissaire impérial. — Il a dit que le cavalier était mort quand on est venu le prévenir.

M. le président. — La défense a-t-elle quelque chose à demander, des questions à faire?

Les défenseurs. — Non, monsieur le président ; merci.

M. LE COMMANDANT SÉRIZIAT.

M. le président. — Comment avez-vous su l'affaire de la caravane?

R. Par les caïds, lorsqu'il sont venus me dire ce qui s'était passé.

D. Le combat a-t-il eu lieu en deça de la frontière?

R. Oui, mon général ; de notre côté.

D. Vous avez su la chose immédiatement?

R. J'en ai eu connaissance, je le répète, lorsque les caïds sont revenus.

D. Comment n'avez-vous pas fait saisir et arrêter ces gens-là ?

R. Je n'ai pas le droit de faire arrêter un caïd sans l'autorisation du commandant de la subdivision.

D. Même lorsque vous les surprenez en flagrant délit ?

R. Quand j'ai demandé au caïd Mohamed ben Ali de quelle façon s'était passée l'affaire, et comment il avait pris sur lui d'attaquer cette caravane, il m'a répondu : « Voici comment cela s'est fait : je suis parti sans prévenir personne, pour faire une reconnaissance sur la frontière. C'est par le seul fait du hasard que je me suis rencontré avec les Hammamas. » Je lui ai demandé : « A propos de quoi alliez-vous faire cette reconnaissance sur la frontière? — C'est, a-t-il répondu, parce que nous avions été avertis d'un rassemblement d'Hammamas. »

D. Ce bruit de rassemblement d'Hammamas était-il fondé ?

R. Oui, mon général ; car, sur l'avis du caïd, j'ai envoyé M. le chef du bureau arabe, pour m'assurer si ses paroles étaient exactes. M. de Boyat m'a confirmé ce récit en ce sens qu'il m'a parlé d'un bruit, depuis quelque temps en circulation et donnant comme possible un rassemblement de Hammamas. J'ai alors accepté comme vraie la version du caïd, dont je n'avais aucune raison de me méfier ; j'ai cru que la rencontre de la caravane avait été purement fortuite.

D. Comment avez-vous pu croire cela ?

R. Je n'avais aucune raison, je le répète, de suspecter la véracité de Mohamed ben Ali. C'est un homme qui nous servait depuis longtemps ; il était à la tête d'une tribu considérable, non par suite d'exigences politiques, mais en récompense des services qu'il nous avait rendus pendant neuf ans, sans qu'on eût eu aucun reproche à lui faire. Plus tard, lorsque des doutes me sont venus à l'esprit sur les circonstances qui entouraient cette affaire, j'ai envoyé M. le chef du bureau arabe procéder à une enquête, et lorsque, le 15 mai, j'en ai connu le résultat, qui détruisait les allégations du caïd, je n'ai pas cherché à déguiser la vérité.

D. Vous n'avez pas su dès le premier moment que tous les hommes avaient été tués et leurs têtes coupées ?

R. J'ignore encore s'il y a eu des têtes coupées.

D. Vous saviez que cette caravane était venue alimenter le commerce de Tébessa. On la détruit, et quand même sa rencontre par les caïds eût été fortuite, leur crime était assez grand pour que vous les fissiez emprisonner.

R. Je n'ai su que cette caravane sortait de Tébessa que quand j'ai appris ce qui lui était arrivé ; j'en ai rendu compte par dépêche télégraphique à la division. Quant à emprisonner ceux qui avaient pris part à l'attaque, je ne l'ai pas fait, parce que je n'avais pas le droit de le faire, et parce que je ne voyais pas de motifs de le faire. Il faut considérer, mon général, le milieu où nous nous trouvons. Les villes de frontière plus au nord ne sont pas dans les mêmes conditions que Tébessa, où ces affaires de caravanes sont incessantes. Depuis des siècles, ces tribus sont ainsi en guerre, guerre de surprises, de massacres, d'enlèvements de toutes sortes ; leur naturel et leur position leur en font une loi. La manière dont nous faisons la guerre, nous, peuples civilisés, ne ressemble en rien à leurs usages.

D. Ne craigniez-vous pas que, au point de vue politique, l'arrestation de deux grands caïds commandant à des tribus aussi considérables ne produisit un mauvais effet ?

R. Quand même le caïd n'aurait pas mis en avant l'excuse qu'il m'a donnée, je n'aurais pas pu, je le répète encore, les faire emprisonner, sans en avoir reçu l'autorisation ; il ne m'était permis que de les interner, de les mettre aux arrêts à Tébessa.

D. Il n'y a que les mots qui diffèrent. La version des caïds n'est pas la vôtre. Ils prétendent que vous vous seriez entendu avec eux pour donner un récit erroné. Tous deux témoignent de cela.

R. Il n'y en a qu'un. D'ailleurs, si ce fait existait, je n'aurais pas ordonné une enqête. Le caïd Mohamed ben Ali est venu chez moi, et m'a fait une version que j'ai transmise par le télégraphe. Le bruit avait été publié en ville que trois israélites avaient été massacrés. Sans prendre le temps de contrôler les témoignages, j'ai rendu compte *grosso modo* de ce qui m'avait été rapporté à moi-même, et j'ai dit aussi que trois israélites avaient été tués.

D. Je ne puis pas croire que vous ayiez été trompé à ce point sur des faits de cette nature. Ainsi, le 8, le caïd des Ouled-Sidi-Abid apporte la nouvelle qu'une caravane de Hammamas doit bientôt arriver. Vous en êtes informé le premier, et vous ordonnez de l'enlever, pour exercer des représailles, à cause de la haine et de la rancune que vous partagez avec vos administrés contre ces gens-là. Ce ne sont pas des motifs personnels qui vous ont fait agir, nous le savons ; vous aviez soif de vengeance pour ceux que l'on vous avait confiés, et qui étaient, depuis quelque temps, victimes de leurs ennemis. C'est pour cela que vous avez donné, par l'organe du bureau arabe l'ordre formel, le fait est certain, d'enlever la caravane.

R. J'ai donné, en effet, le 8, l'ordre d'enlever la caravane, mais elle n'était pas arrivée. Je ne pouvais admettre que des gens qui nous pillaient incessamment, et qui, d'ailleurs, n'avaient point paru depuis dix-huit mois sur nos marchés, fussent autorisés à venir se ravitailler chez nous. Mais le lendemain du jour où j'avais donné cet ordre, quand M. le chef de bureau m'a avoué son embarras, quand il m'a dit l'hésitation du caïd Si Ahmed Lakhdar, il n'est pas difficile de comprendre que j'aie hésité moi-même. J'ai changé immédiatement d'avis et j'ai demandé par le télégraphe des instructions à Constantine, ce que je n'aurais pas fait si j'eusse persisté dans ma résolution.

D. Avant d'envoyer, le 9, une dépêche à Constantine, pour en recevoir des ordres, vous avez voulu tâter le frère du caïd des Brarchas, pour savoir si les Nemenchas ne pouvaient pas empêcher les Hammamas de venir sur notre territoire?

R. Si tous les Nemenchas avaient occupé leurs campements habituels je n'aurais pas fait cette question; mais ce que j'ai dit à M. de Boyat avait pour but de m'assurer que, malgré la concentration des tribus, il en restait un nombre suffisant à portée pour empêcher la caravane d'arriver; mais il n'y avait là qu'une demande de renseignements, qu'une information à prendre, et nullement un ordre à donner.

M. le président. — Ces faits, tels que vous les présentez, ne cadrent pas exactement avec les dépositions de M. de Boyat. Du reste, vous l'entendrez vous-même; il prétend que vous lui avez dit : « J'ai vu Ahmed ben Ali, frère du caïd des Brarchas, il est ici; faites le appeler, et tâchez de voir si les Nemenchas ne peuvent pas empêcher les Hammamas d'arriver chez nous. »

R. Je lui ai dit qu'il s'informât si les Nemenchas étaient en mesure de le faire et dans des conditions telles qu'on pût au besoin s'adresser à eux pour cela. Puis, immédiatement après avoir prononcé ces paroles, je me suis consulté et, changeant d'avis, je lui ai fait rédiger une dépêche télégraphique qu'il a emportée en sortant du rapport.

M. le président. — Voici la dépêche adressée à M. le commandant de la subdivision :

« J'ai l'honneur de vous rendre compte qu'une forte caravane d'Ouled-Rhadouan, tribu des Hammamas, arrive pour faire des achats de grains. La présence des Hammamas cause une certaine émotion chez les indigènes de nos tribus. D'un autre côté, dans l'état actuel du Sud, ne vous paraît-il pas nécessaire d'empêcher des achats de grains qui pourraient parvenir aux dissidents? J'attends vos instructions. »

Vous devez avoir la dépêche qui vous a été envoyée en réponse à celle-ci par M. le général.

R. M. le général m'a fait à peu près cette réponse :

« Je ne vois pas de nécessité à entraver des relations commerciales qui sont tout à fait indépendantes de la politique du Sud. Je ne partage pas vos idées sur l'opportunité d'empêcher l'achat des grains dans ce pays; je pense, au contraire, que ces achats de grains ne peuvent qu'être favorables au rétablissement de la paix. »

D. Ainsi, non-seulement le général, interdit, réprouve le meurtre, le massacre de la caravane, mais il donne pour raison de conserver les relations commerciales; il ajoute qu'elles peuvent plutôt amener la paix que produire un mauvais effet; eh bien! vous n'avez pas trouvé cette déclaration explicite, claire, nette, absolue ! Il n'a pas dû rester dans votre esprit le moindre doute relativement à la conduite que vous deviez tenir ; c'était une défense formelle d'attaquer la caravane, de ne gêner en rien les relations commerciales. Comment exécutez-vous cet ordre, comment remplissez-vous ces prescriptions? De la manière la plus malheureuse; vous recevez une lettre du caïd des Brarchas, Mohamed ben Ali, qui vous dit qu'une caravane d'Hammamas et d'Ouled-Rhadouan est arrivée à Tébessa; que cette nouvelle lui a fait mal au cœur; qu'il a placé une garde pour la surveiller jusqu'à son retour, et qu'alors il la prendra. Il vous en informe, ajoute-t-il pour terminer, et il vous demande conseil. A vous de décider. Et vous, qu'est-ce que vous dites? Ne rien répondre de direct, prescrivez-vous à votre chef de bureau; rappeler au caïd que le marché de Tébessa est ouvert à tout le monde et qu'aucune attaque ne doit avoir lieu sur notre territoire.

R. Cette phrase : « Ne rien répondre de direct, » s'adressait seulement à M. de Boyat; elle n'était connue que de lui et de moi; elle se trouvait sur une lettre qui ne devait pas sortir du bureau.

D. Qu'entendiez-vous par là : « Ne rien répondre de direct ? »

R. Ne rien répondre de direct au sujet d'une caravane spécifiée, déterminée, mais dire quelque chose qui s'applique à toutes les caravanes armées et ennemies. Du reste, l'explication en est au-dessous.

D. « Le marché de Tébessa est ouvert à tout le monde, ami comme ennemi... »

R. Le texte même de M. Boyat, que lui-même m'a apporté et que j'ai envoyé le lendemain au caïd, est le meilleur commentaire de la note et indique que le marché est ouvert à toutes les caravanes et non à une seule particulièrement désignée.

D. Je ne comprends pas ces mots comme vous les expliquez : « Ne rien répondre de direct au sujet de la caravane dont il est question. » Mais c'est, au contraire, de la manière la plus directe, la plus spéciale au cas présent, à la circonstance actuelle qu'il faut répondre, car ces gens-là vont arriver et le malheur que l'ordre de votre chef veut éviter va se produire. « Dites-donc bien au caïd et à tous qu'ils répondent sur leur tête de ce qui sera fait à la caravane, et qu'*aucune attaque ne doit être faite sur notre territoire.* » Cela semble signifier au caïd qu'il tombe sur la caravane une fois au delà de la frontière.

R. Avec trois lignes de l'écriture d'un homme, on peut le faire pendre. Je proteste contre une telle interprétation. Je défends d'attaquer sur notre territoire : il n'est point permis de dire que cela comporte l'ordre d'attaquer sur le territoire ennemi.

D. Je trouve que vous n'avez pas été assez explicite.

R. Il faut envisager la situation dans laquelle nous sommes : je veux dire que nous avons, dans les postes-frontières, des instructions que nous n'avons pas faites nous-mêmes et qui recommandent aux agents de l'autorité de ne se mêler en rien aux représailles, c'est-à-dire que, si elles ont lieu, lorsque les goums sont pour passer la frontière, les chefs investis ne doivent pas la franchir et sont obligés de laisser le commandement à leurs enfants ou à leurs frères Ces précautions sont prises pour n'amener aucune complication diplomatique. Les commandants supérieurs ont le devoir de veiller avec le plus grand soin à ce que nul officier ou soldat ne soit impliqué dans aucune de ces représailles ; et si l'on est parfois dans la nécessité de les appuyer, il faut arrêter, à la limite, les troupes régulières, et attendre que les goums les remplacent. Je n'ai pas à contrôler l'autorité qui nous dicte ces règlements. Depuis dix-huit mois, les Nemenchas, livrés à leurs propres forces, étaient complétement démoralisés par la misère, le choléra et le typhus. Les Hammamas, leurs voisins, avaient acquis sur eux une supériorité absolue. Ils leur avaient enlevé une dizaine de caravanes, détruit quatre ou cinq douars, tué une partie de leurs hommes. Il était naturel qu'il cherchassent l'occasion de se venger d'un côté ou de l'autre de la frontière. Quant à moi, l'effet de mes ordres s'arrête à nos limites, et je n'avais pas le droit de leur dire : «Vous ferez ou vous ne ferez pas cela en Tunisie. » Que contiennent les instructions sur les représailles ? On y voit que les hommes d'une tribu peuvent aller dans le voisinage s'indemniser de leurs pertes, réclamer les biens qu'on leur a pris. Le gouvernement les a prévenus : « Je ne vous défendrai pas ; je ne mettrai aucune troupe à votre disposition, c'est à vous de vous défendre.» Lorsqu'on a su qu'une caravane d'Hammamas arrivait chez nous, à cause de l'état dans lequel ils se trouvent à notre égard, nos gens m'ont demandé de les empêcher d'arriver, parce qu'ils ne pouvaient pas concevoir que des ennemis toujours en lutte avec eux vinssent s'approvisionner sur leurs marchés. J'ai donné un ordre qui répondait à ce sentiment, mais il n'a pas reçu de commencement d'exécution. Je l'ai contremandé lorsque j'ai connu l'avis de l'autorité. Que pouvais-je faire de plus ? Qu'ai-je répondu au caïd Mohamed ben Ali, qui me déclarait son intention d'enlever la caravane ? « Non, ni celle-là, ni aucune autre, amie ou ennemie, » et ce mot d'ennemis regardait les Hammamas ; toutes les autres caravanes sont autorisées à venir sur notre territoire. Les Nemenchas sont tellement inférieurs aux Hammamas que je ne pouvais prendre au sérieux ces menaces. Il faut avoir vécu comme moi au milieu de ces gens que j'ai été obligé de conduire, me mettant à leur tête, pour les forcer à descendre avec leurs troupeaux dans le Sahara et y occuper leurs terrains habituels. A peine étais-je rentré à Tébessa qu'ils se groupaient par crainte et se retiraient immédiatement du côté de Sbikha-Smira, à une distance considérable de là. Rien ne pouvait me faire supposer que leur caïd allait me désobéir. Le fait du 15 avril est un pur accident et je ne pouvais deviner un accident.

D. Oh ! il y a eu de votre part imprévoyance. Vous avez dit que le caïd des Brarchas avait rencontré la caravane par hasard. Comment conciliez-vous ce récit de Mohamed ben Ali avec sa lettre, où il vous dit : « Je sais que la caravane est là, je l'espionne, j'ai des gens qui la guettent. » C'est cette même caravane qu'il rencontre par hasard trois jours après !

R. J'ai répondu déjà explicitement à cette observation ; j'ai dit que le caïd Mohamed ben Ali, lorsque je l'ai interpellé, en lui demandant : « Comment se fait-il que tu as méprisé mes ordres, que tu as attaqué cette caravane? » Sans me répondre d'une manière catégorique, avait voulu trouver une excuse à sa désobéissance, et mettre tout cela sur le dos du hasard.

D. C'est ce qu'on ne peut pas admettre, puisque cette caravane, il ne l'a pas perdue de vue depuis le jour de son entrée à Tébessa jusqu'à celui de son massacre à l'Oued-Mahouine. Vous connaissez la conduite du caïd. Ce n'est donc point une rencontre fortuite qui a mis les Nemenchas et les Hammamas en présence les uns des autres.

En même temps, vous vous compromettiez par une lettre ambiguë. Vous êtes peut-être la cause involontaire de cet affreux malheur.

R. Le caïd Mohamed ben Ali a reconnu lui même que ma lettre était une défense formelle d'attaquer la caravane.

D. Il est vrai que dans une de ses lettres, et d'ailleurs à la demande qu'on lui adressait s'il avait l'autorisation écrite d'enlever la caravane, il avoue qu'en fait d'ordre écrit, il n'a que celui de ne pas la razzer, cela est vrai; cependant, il reste des circonstances fâcheuses à votre charge : l'ordre que vous donnez le 8 d'enlever une caravane, cette lettre ambiguë que vous adressez au caïd en réponse à la demande d'attaquer la caravane, et la réception que vous faites à ces gens là, qui venaient de massacrer vingt-quatre personnes, c'est là-dessus que vous aurez à vous expliquer, vous ou votre défenseur.

R. Je leur ai fait des reproches. Dans son premier rapport, Mohamed ben Ali ne parlait pas de la mort du juif, je lui ai dit de le recommencer, et, vous pouvez le voir, dans une phrase il déclare que je l'ai effrayé. Les caïds des Nemenchas et des Allaounas, comme tous les autres, savent très-bien si mon attitude a été celle de la bienveillance, et si je leur ai fait un bon accueil lorsqu'ils sont arrivés. Maintenant, vis-à-vis de la population de Tébessa, vis-à-vis de gens qui m'arrivent après m'avoir fait une histoire comme celle-là, j'avais une position embarrassante ; j'ai pris en considération tout ce que ces tribus avaient souffert antérieurement. Il ne faut pas supposer, d'ailleurs, que les Arabes éprouvent les mêmes sentiments que nous; il ne faut pas juger cette affaire à notre point de vue. Si des Français avaient massacré une caravane, personne ne comprendrait leur conduite; mais lorsque ce sont des Arabes, qui ont vécu depuis leur enfance au milieu de scènes semblables, notre appréciation doit nécessairement se modifier. Je suis dans le cercle de Tébessa depuis le mois de mars 1866; la misère a commencé au mois de juin 1867. Les Hammamas en ont profité pour nous causer pendant tout ce temps des préjudices considérables ; eh bien ! je n'ai jamais pu obtenir de secours de l'autorité centrale ; j'ai écrit que nos gens étaient dans l'impossibilité de faire respecter leur territoire ; j'ai demandé des troupes pour les soutenir, mais en vain ; je n'ai pas supposé, dans des circonstances semblables, que ce fut à moi à signaler le premier ce qui aurait pu aggraver leur position ; j'ai rendu compte des faits tels quels ; je n'ai pas dit dans le rapport que j'avais donné l'ordre de respecter la caravane, et qu'ils y avaient contrevenu, je l'ai ajouté dans le rapport qu'à fait M. de Boyat, et lorsqu'il a été bien établi par des témoignages certains que le compte rendu auquel j'avais ajouté foi était faux.

D. Le rapport de M. le chef du bureau arabe est effectivement conçu dans ce sens, mais vous vous compromettiez auprès de l'autorité supérieure, en lui présentant les choses sous des couleurs tout à fait erronées ; il pouvait en résulter des conséquences excessivement fâcheuses. Mais je reviens. Comment n'avez-vous pas empêché le massacre à une journée de marche de Tébessa ?

R. Je ne l'ai pas fait, parce que je ne me doutais pas de ce qui allait arriver. Les Nemenchas sont à plus de 80 kilomètres de Tébessa ; d'un autre côté, la caravane est partie sans avertir personne, et nous n'avons aucun moyen d'action de surveillance dans un pays complétement désert. Nous ne sommes pas ici en France.

D. Si la caravane était venue de Gafsa sans que vous en eussiez eu connaissance, si les Nemenchas l'avaient enlevée avant qu'elle n'arrivât, nous n'aurions rien à vous reprocher ; mais cette caravane, vous saviez qu'elle arrivait, puisque vous avez donné l'ordre de l'enlever. Le caïd des Brarchas vous dit qu'il la guette ; vous recevez de Constantine l'ordre de la protéger ; ce sont des faits que vous avez eu le temps de raisonner.

R. Je me suis expliqué sur l'ordre du 8 ; le 9, j'ai donné l'ordre de respecter cette caravane, aussi bien que toutes celles qui pouvaient suivre. J'avais le droit de compter sur l'obéissance de mes gens.

D. Lorsque les juifs sont venus se plaindre, comment les avez-vous reçus ?

R. Le père du juif tué ? Je l'ai reçu de mon mieux. Il m'a dit : « Nous avons besoin d'un sauf-conduit pour aller chercher le corps de mon fils. » Je lui en ai donné un.

D. Comment n'avez vous pas évité qu'on fît ce marché hideux, par lequel ce malheureux père dut donner 250 francs à un cavalier arabe ?

R. Le père de l'israélite tué est venu chez moi et m'a demandé un laisser-passer pour retrouver le corps de son fils. Il ne m'a pas parlé d'autre chose. Je l'ai engagé à s'adresser à Mohamed ben Ali. Il paraît que les cavaliers de celui-ci ont dit : « Nous nous exposons, nous ne voulons pas aller à l'Oued-Mahouine sans indemnité ; » mais je suis demeuré complétement étranger à tout cela.

D. La situation impossible de votre cercle a-t-elle été pour quelque chose dans votre conduite? Aviez-vous demandé à être relevé de votre poste ?

R. Je l'avais sollicité une première fois, je n'avais pas reçu de réponse ; j'ai renouvelé ma demande, et, longtemps après, on a fini par y faire droit.

D. Depuis combien de temps saviez-vous que vous étiez relevé de votre commandement quand la chose est arrivée ?

R. Je ne le savais pas encore.

D. L'avez-vous su longtemps après ?

L'ordre qui me prévenait que j'étais remplacé est postérieur au 15 avril ; j'ai été prévenu le 29 avril, mais j'ai été obligé de rester à Tébessa jusqu'au 19 ou 20 mai. Or, à cette époque, l'enquête de M. Boyat, au sujet de l'affaire de la caravane, n'était pas terminée.

D. Le 21 avril, six jours après la catastrophe, des goums ont été réunis par votre ordre à Aïn-Sguig. Dans quel but ?

R. Les caïds Mohamed ben Ali et Belkassem ben Naceur m'ont dit qu'il y avait à craindre les représailles des Hammamas. Ils m'ont demandé de rassembler leurs cavaliers, ce qui a été fait dans la matinée du 21, à Aïn-Sguig. A dix heures, le même jour, ils étaient renvoyés.

D. Ils n'ont donc pas été réunis une journée entière ?

R. Non ; le jour même on est venu me trouver, et, par l'intermédiaire du chef du bureau arabe, on m'a fait savoir que l'attaque qui avait été prévue ne devait pas avoir lieu, que les Hammamas se trouvaient trop éloignés. Alors j'ai fait dissoudre les groupes.

D. C'est par l'initiative des deux caïds, Mohamed ben Ali et Belkassem ben Naceur, que vous aviez été amené à prendre cette mesure?

R. Oui, mon général.

D. L'endroit était-il bien choisi pour surveiller la frontière?

R. Parfaitement.

D. Vous n'ignorez certainement pas que même à Tébessa on prétendait que les goums étaient réunis là pour saisir le reste de la caravane ?

R. Il est possible que ce bruit-là ait couru parmi les populations indigènes. Mais comme c'était une réunion qui se faisait en présence de tout le monde, alors que les deux dernières portions de la caravane étaient sur le marché, et qu'elles en avaient eu connaissance, il ne pouvait rien résulter de fâcheux de cette réunion, ni venir à l'idée de personne d'enlever la caravane.

D. On dit que les gens dont elle se composait ont déclaré qu'ils ne quitteraient pas Tébessa tant que les cavaliers seraient à Aïn-Sguig?

R. La caravane pouvait craindre que, les goums étant réunis, des coureurs, des pillards ne vinssent à s'en échapper, et profiter de sa proximité pour la piller. Mais quant à la supposition qu'après ce qui venait de se passer nous rassemblions des cavaliers pour leur faire détrousser les restes de la caravane, cela n'a jamais pu entrer dans l'esprit d'une personne sensée.

D. Vous deviez sentir alors la responsabilité que vous aviez déjà assumée!

R. Je n'avais pas besoin d'attendre ce jour-là pour reconnaître la gravité des choses qui s'étaient passées.

D. Un membre du conseil désire vous poser cette question : N'est-ce pas sur votre demande qu'une colonne, commandée par le général Dargent, a été envoyée sur la frontière, il y a dix-huit mois ou deux ans?

R. C'est sur ma demande, dans l'automne de l'année 1868. Je suis resté sur les hauts plateaux, avec une division de spahis et de l'infanterie; mais une limite que je ne pouvais pas franchir m'était tracée. Pendant ce temps, le général Dargent attendait à Tébessa une colonne, que, par suite de je ne sais quelles circonstances, on ne lui a pas envoyée, et je suis resté seul.

D. Quel résultat a produit cette sortie?

R. Aucun, puisque l'envoi de la colonne n'a pas eu lieu.

D. Les suites de votre séjour sur les hauts plateaux ont-elles été conformes à ce que vous en attendiez?

R. Pendant que j'étais sur les hauts plateaux avec deux escadrons, les gens qui occupaient la frontière se sont éloignés; mais, aussitôt les escadrons partis, ces gens sont revenus prendre leur place, et les populations que j'avais amenées dans leur poste habituel du Sahara, l'ont abandonné dès que je les ai quittées, ne se jugeant pas assez fortes pour rester aussi près de leurs ennemis.

D. Quelle est maintenant leur situation?

R. Elle est toujours la même. Lorsque je suis arrivé à Tébessa, on avait l'habitude de porter un escadron de spahis sur les points où se produisaient des troubles, et la présence de cet escadron ramenait la tranquillité. Jusques dans les derniers temps, j'avais réussi à maintenir ainsi la paix dans la portion du nord du cercle, là où il y a des avant-postes, des établissements qui permettent d'agir et d'assurer la sécurité; mais la misère s'est abattue sur nos populations; les gens, sous le coup d'un prodigieux affaissement moral, en sont venus à ne pouvoir habiter leur territoire sans être rassurés par des troupes.

D. Est-ce sous votre commandement qu'a eu lieu l'expédition du caïd Gabah ?

R. Oui, mon général.

D. Etait-elle importante ? Vous avez pu réunir quinze cents fantassins et quelques centaines de cavaliers ?

R. Quinze cents hommes en tout, tant cavaliers que fantassins. On avait emmené un trop grand nombre d'hommes; les trois quarts ne valaient rien; ils ont lâché pied. Le caïd a été tué dès le commencement de l'action, et tout a été fini.

M. le commissaire impérial spécial Bocher. — Quelle est la nature du coup de main que le chef Gabah devait faire. Était-ce un acte de rapine isolé ou un fait de guerre combiné avec les affaires du Sud ?

R. C'était des représailles, à la suite de la razzia et de l'enlèvement d'un douar, qui avaient eu lieu au mois d'août 1866, durant le temps que le caïd était à Tébessa, pour y vendre des grains. Plusieurs individus avaient été tués à cette époque-là. Des caïds sont venus me demander l'autorisation d'exercer des représailles sur leurs ennemis. J'ai sollicité cette permission du général commandant la division. Elle m'a été accordée, à la condition qu'aucun officier ne s'en mêlerait, et que Gabah seul aurait le commandement.

D. Les cavaliers se sont sauvés lâchement, ce me semble, en abandonnant sur le terrain son corps et celui des autres chefs tués. La démoralisation que vous signalez chez les Nemenchas date peut-être de là ?

R. Non, elle est antérieure, mais c'est ce qui y a mis le comble.

Me Jules Favre. — M. le commandant a été entendu comme témoin dans l'instruction à la date du 8 août. Il a donné des renseignements fort précis sur beaucoup de points ; mais je demanderai comment il se fait qu'il n'a pas parlé de l'ordre par lui donné de razzer la caravane. Il n'en a pas dit un mot. M. le commandant explique qu'il a été prévenu, dans le courant d'avril, de l'arrivée d'une caravane, qu'il s'est occupé de la faire installer à Tebessa, avec des indications pour la sécurité du voyage. Il est en contradiction avec d'autres témoins.

Je désire que M. le président pose cette question à M. Sériziat : « Comment se fait-il qu'en répondant au parquet, il n'a pas fait connaître que l'ordre avait été donné par le bureau arabe d'attaquer la caravane. » Il n'a pas fait la moindre allusion à cet ordre d'enlever la caravane ou de la repousser, je me servirai du mot que vous voudrez, d'empêcher, comme vous dites, les Hammamas d'arriver à Tébessa. Si vous le désirez, je mettrai sous vos yeux le passage de votre déposition, pour que le souvenir vous en soit plus présent :

« Vers le commencement d'avril dernier, j'avais été prévenu par le chef du bureau arabe qu'une caravane d'Hammamas arrivait à Tébessa. Cette caravane fut installée, par les soins du caïd de la ville, sur l'emplacement ordinaire, et communication lui fut donnée des consignes générales, et notamment de la disposition qui oblige toutes les caravanes qui veulent retourner en Tunisie à y entrer par le col de Khanguet-el-Mouhad. Cette disposition est prise, etc... »

Vous dites que c'est pour la sécurité des voyageurs que vous leur avez enjoint de passer par le col de Khanguet-el-Mouhad, mais avec tout cela vous n'avez pas fait connaître à la justice qu'ordre avait été donné par vous d'enlever la caravane ou de l'empêcher d'arriver.

R. Je n'ai point parlé de ce fait, qui n'a été suivi d'aucune exécution, qui est resté à l'état de conversation entre trois personnes : le chef du bureau arabe, le caïd Ahmed Lakhdar et moi.

Me Jules Favre.— J'étais bien aise de constater ce fait, qui me servira dans le cours de mon argumentation. Maintenant, il est démontré que la première partie de la caravane est arrivée à Tébessa le 8 avril. C'est un fait que vous reconnaissez. Il est d'ailleurs parfaitement établi par la procédure.

R. Pour moi, il n'a jamais été question, en fait d'attaque, que de celle d'une caravane de Hammamas qui devait venir chez nous, mais sans aucune indication de date.

Me Jules Favre. — Je ne veux pas discuter le fait, mais bien le préciser. M. le commandant supérieur le reconnaît ou ne le reconnaît pas. S'il ne pense pas que la caravane soit arrivée le 8, je me réserve de prouver ce détail avec la procédure.

Me Olivier. — Mais nous protestons contre cette procédure.

Me Jules Favre. — Vous la discuterez plus tard, si bon vous semble. Je reviens à ma question. L'ordre qui a été donné au fidèle M. de Boyat, et transmis par lui au caïd Si Ahmed Lakhdar, est du 8. Il a été maintenu le 9 ; c'est le 9 que M. Sériziat a envoyé une dépêche au général commandant la subdivion. C'est bien le 9?

R. Le 8, on m'a dit qu'une caravane était en marche; l'ordre a été donné au caïd Si Ahmed Lakhdar de l'empêcher d'arriver, mais cet ordre, je ne l'ai pas maintenu.

Me Jules Favre. — Vous ne l'avez pas rétracté.

R. J'ai envoyé une dépêche télégraphique pour consulter l'autorité; c'était bien prouver que je renonçais à ma première intention.

Me Jules Favre. — Vous avez reçu une réponse immédiate; elle est arrivée le 9 dans la soirée; vous ne l'avez fait connaître que le 10, au rapport, à M. de Boyat. C'est aussi ce jour-là seulement que le caïd a été prévenu. Voilà des faits constants. Maintenant, si M. le président me le permet, je demanderai encore à M. Sériziat s'il a considéré comme un contre-ordre la communication faite le 10 par M. le capitaine de Boyat au caïd Si Ahmed Lakhdar.

R. Quand j'ai remis à M. de Boyat la dépêche de Constantine, il m'a demandé : « Faut-il que je transmette un contre-ordre au caïd Si Ahmed Lakhdar? » J'ai répondu : « Oui. »

Me Jules Favre. — N'a-t-il pas demandé aussi s'il fallait donner un contre-ordre aux autres caïds Mohamed Chettouch, des Ouled-Sidi-Abid, et Mohamed ben Ali, des Brarchas. Ne lui avez-vous pas répondu que c'était inutile?

R. Ce n'est pas comme cela que les choses se sont passées. On n'a parlé de cette affaire à personne, excepté à Mohamed ben Ali, à lui seul. Lorsque la réponse du général est arrivée, le chef du bureau arabe m'a dit: « Faut-il que j'écrive aux autres caïds à ce sujet, » Je lui ai répondu ; « C'est inutile, puisqu'ils ont tous des instructions qui leur défendent d'attaquer les caravanes, il n'y a besoin d'avertir que celui qui m'a demandé d'enfreindre cette défense. »

Me Jules Favre. — Il y a une question qui touche à un point plus général. Lorsque M. Sériziat a reçu communication de l'arrivée d'une caravane de Hammamas, lui a-t-on dit que ce fussent des gens armés venant attaquer nos tribus ou de simples commerçants?

R. Quand on m'a annoncé l'arrivée d'une caravane, je n'ai pas eu besoin de demander d'indications pour savoir si elle était armée ou non armée. Aucune caravane n'est composée de simples marchands, dans le sens que vous donnez à ce mot. Toutes celles qui traversent le Sud sont toujours munies d'armes et de tout ce qu'il faut pour se défendre. A chaque instant, elles ont besoin de déployer leur force, à cause des accidents continuels qui se rencontrent. On ne peut donc, je le répète, considérer les gens dont elles sont formées comme des marchands paisibles et inoffensifs. Ce sont des hommes bien armés, braves et vigoureux, sans quoi ils ne se risqueraient pas à parcourir ces solitudes dangereuses. Je n'ai pas eu la pensée qu'ils vinssent pour nous attaquer chez nous, mais il y a un fait certain, c'est que des caravanes qui ont terminé leurs affaires et qui s'en retournent dans leur pays, commettent parfois des déprédations sur notre territoire. Je le répète, ce qui m'a décidé à donner l'ordre d'arrêter la caravane, c'est qu'elle se composait d'Hammamas complétement en dehors des autorisations.

Me Jules Favre. —Nous n'acceptons pas que ce soient des Hammamas ; nous l'examinerons plus tard. Maintenant je demande si, avant cette fatale affaire de l'Oued-Mahouine, il est déjà arrivé qu'une caravane, armée pour sa défense, ce qui se comprend bien, comme on peut s'armer dans une grande ville, sans inquiéter personne, sinon les malfaiteurs, s'il est déjà arrivé, dis-je, qu'une caravane ait été razzée sur notre territoire ? Y a-t-il, dans les bureaux arabes, un précédent ?

R. S'il y a déjà eu un précédent?

Me Olivier. — D'une caravane attaquée?

Me Jules Favre. — Je dis par ordre du bureau arabe. Voici ma question : Y a-t-il eu déjà un ordre (je ne parle pas d'une attaque; du moment que l'ordre en est donné, la moralité de l'affaire est suffisamment établie), est-il venu du bureau arabe un ordre conçu en ce sens?

R. Non.

Me Jules Favre. — L'ordre de respecter les caravanes, et même de les protéger, est donc conforme à la tradition, à la pratique constante du bureau arabe ?

R. Je réponds. On sait que les Hammamas sont en dehors des conditions dans lesquelles se trouvent les tribus du Nord, comme les Fraichichs et les autres jusqu'au bord de la mer. Ceux-ci peuvent commettre des vols sur les nôtres, et c'est pour régulariser les représailles à exercer contre eux que les instructions comprennent certaines recommandations spéciales à leur égard. Mais les Hammamas sont, par rapport à nous, dans une position différente : tantôt accueillant nos rebelles algériens, ils s'arment pour eux et font invasion chez nous; tantôt, dans un seul but de rapine, ils viennent se livrer sur notre territoire non pas seulement, comme dans le Nord, à des brigandages isolés qui ne font pas cesser les relations de tribu à tribu, mais à des guerres réelles. Dans un cas comme dans l'autre, celui surtout où ils appuient nos réfugiés, ils sont considérés comme étant en hostilité ouverte avec nous et ne sont pas épargnés. On ne les autorise pas non plus à venir commercer sur notre territoire.

M. le président. — Mais étiez-vous autorisé par vos chefs à ne pas recevoir les Hammamas et à les mettre en dehors des conditions générales?

R. Partout où on voyait des Hammamas, on pouvait leur courir sus et les tuer, j'en appelle au témoignage de M. le général Dargent.

Me Jules Favre. — Vous savez par l'instruction que la caravane était composée de gens de Gafsa, tout à fait inoffensifs.

Me Olivier. — C'est une erreur.

Me Jules Favre. — Cela résulte de l'instruction.

Me Olivier. — Encore une fois, nous n'acceptons pas les données de l'instruction.

Me Jules Favre. — Si M. le président veut bien me le permettre, je continuerai ma question. Il est bon, pour argumenter d'un fait qu'il soit bien éclairci.

Me Olivier. — Soit, mais pas de discussion ou je demande à répondre.

Me Jules Favre. — Si la susceptibilité de mon confrère est telle qu'il veuille tout remettre pour les plaidoiries, j'y consentirai; mais comme je dois me servir des explications que l'on peut me donner ici, je demande à continuer. Il résulte de l'instruction que plusieurs des membres de la caravane étaient habitants de Gafsa. Je pose une question. Est-ce qu'il peut être permis à un chef de bureau arabe, sur un simple avis d'un chef de tribu lui annonçant qu'une caravane est composée d'Hammamas, d'ordonner qu'ou lui court sus et qu'on la razze?

R, Oui, du moment où je croyais que c'étaient des Hammamas; or, je ne savais que ce que le caïd m'en avait dit.

M. le président, à M. Sériziat. — Vous vous pensiez autorisé, par cela seul que c'étaient des Hammamas, à les faire enlever comme étant en dehors des lois de représailles?

R. Oui, mon général.

Me Jules Favre. — M. le commandant nous a dit que lorsque les caïds étaient venus lui rendre compte de l'expédition, il leur avait fait de vifs reproches. Ne s'est-il point cependant passé un fait sur lequel l'interrogatoire n'a pas porté? C'est le fait relatif à l'israélite Sotto. M. le président le connaît fort bien. El Hafsi a été insulté et renvoyé à cause de lui. Or, des gens qui venaient de verser le sang, de tuer vingt-cinq personnes se sont promenés dans les rues de Tébessa et on ne les a pas fait partir.

M. le président. — Sont-ils restés plusieurs jours en ville?

R. Je ne me le rappelle pas.

Me Jules Favre. — Je voulais demander si El Hafsi ayant été insulté par l'agent de police Abraham Sotto, M. Sériziat n'a pas adressé à ce dernier des remontrances sévères, en lui disant de ne pas se mêler de ces affaires-là et de ne pas s'occuper de l'israélite tué, sous peine de destitution ?

M. le président. — Quant Sotto est venu se plaindre des insultes d'El Hafsi, avez-vous menacé cet agent de lui ôter sa charge?

R. Mon général, c'est au contraire El Hafsi qui a été insulté par l'agent de police, lequel soutenait ses coréligionnaires.

M. le président. — C'est juste, il y avait confusion dans mon esprit.

Le commandant Sériziat. — Voici les faits. El Hafsi est allé se plaindre à M. le juge de paix, qui lui a dit : « Je vais te donner un mot pour le remettre à M. Fargues, adjoint au maire, afin de poursuivre ta réclamation. » Or, le maire, c'était moi, et M. Fargues n'exerçait qu'en mon nom et quand je le voulais bien. Lorsque El Hafsi et l'agent de police sont arrivés au cercle l'un avec l'autre, ils sont venus me dire qu'il y avait eu entre eux une discussion. J'ai reproché à El Hafsi d'être resté à Tébessa, en présence de l'émotion qu'il y causait, et j'ai dit à Sotto que le devoir d'un agent de police était de calmer les esprits et non pas de les exciter, que s'il ne comprenait pas mieux son service, et s'il continuait à troubler la ville, je le destituerais.

Me Jules Favre. — Monsieur le président, permettez-moi de faire une question relative au partage du butin. M. le commandant en a-t-il eu connaissance et l'a-t-il autorisé ?

R. J'en ai eu connaissance, mais je ne l'ai pas autorisé.

M. le président.—N'avez-vous pas donné d'instructions à cet égard ?

R. J'ai fait ce qui se fait toujours quand les Arabes font une razzia, à la suite de laquelle ils se partagent les objets saisis, je les ai laissés suivre leurs habitudes. Les commandants ne s'en mêlent pas et ne doivent pas s'en mêler, laissant les indigènes pratiquer les usages de leurs tribus. Pour déterminer combien on doit payer la mort d'un homme, d'un cheval, d'un âne dans cette affaire, ils se conforment à leurs coutumes. Il n'y a que dans le cas où les individus présents à la razzia auraient des réclamations à faire que nous en entendons parler. Si on ordonne de restituer la prise, nous la réunissons et nous la rendons. Si on ne réclame pas, cela reste ainsi.

D. Vous avez reçu l'ordre de réunir la prise ?

R. Oui, mon général.

Me Jules Favre. — A quelle époque? Je crois que c'est presque aussitôt l'affaire de la caravane ?

R. C'est le 22 avril que M. le général a donné l'ordre de réunir la prise et de la mettre sous séquestre.

Me Jules Favre. — Lorsque M. le commandant Sériziat a appris ce massacre, n'a-t-il envoyé personne sur les lieux ? Vous devez savoir que les cadavres sont restés sur le sol et ont été la proie de bêtes fauves. Est-ce que vous ne pensez pas qu'il y avait obligation que ces choses ne se passassent pas ainsi aux portes de Tébessa !

R. Je ne sais pas ce que vous appelez les portes de Tébessa.

Me Jules Favre. — Enfin, dans le rayon de votre commandement ?

R. Le fait s'est passé à dix-huit lieues, dans un endroit désert, où personne ne va. Je ne me suis pas occupé de cette question des cadavres, sauf pour celui du juif, à l'occasion duquel j'ai délivré un sauf-conduit.

Me Jules Favre. — Vous savez que le bruit a couru d'une somme de 10,000 francs en numéraire que les Israélites prétendent leur avoir été ravie. M. Sériziat a-t-il fait faire une enquête à ce sujet ?

R. Des israélites sont venus se plaindre d'avoir perdu de l'argent et des marchandises ; j'ai fait établir une liste des objets, numéraire ou marchandises réclamés par eux, et je l'ai donnée au bureau arabe, auquel j'ai prescrit de faire des recherches.

M. le président. — Qu'a-t-on trouvé ?

R. Je suis parti avant de connaître le résultat.

Me Olivier. — Est-ce qu'avant M. Sériziat, sous les colonels Flogny, Bonvalet et autres, les razzias n'étaient pas beaucoup plus fréquentes et plus meurtrières que durant son commandement ?

R. Entre les Hammamas et les Nemenchas, non ; c'était plutôt dans le nord du cercle avec les Fraichichs, mais comme les Nemenchas étaient alors nombreux et courageux, cela ne paraissait pas trop. En outre, le Sud, à cette époque, du temps du colonel Bonvalet, était tranquille. Par conséquent, on s'occupait fort peu de ce qui se passait.

Les audiences des 27, 28 et 29 ont été consacrées à l'audition des témoins qui étaient au nombre de plus de quatre-vingts. Il ne nous serait pas possible de reproduire toutes ces dépositions ni même d'en faire un résumé qui, si concis qu'il pourrait être, dépasserait encore les limites de notre cadre. Aucun des témoignages recueillis n'a d'ailleurs apporté dans les débats des faits nouveaux d'une importance telle qu'ils aient éclairé les points dont l'obscurité avait résisté aux efforts de l'instruction.

Les témoins ayant été entendus, la parole a été donnée à M. le colonel Bocher, commissaire impérial spécial. Il s'est exprimé en ces termes ;

MESSIEURS,

Les débats auxquels vous assistez depuis cinq jours, que vous avez suivis avec religion et une seule passion, celle d'en voir jaillir la vérité ;

qui ont été conduits avec une si évidente impartialité par votre président, ont simplifié singulièrement la pénible et difficile mission qui nous est échue. Ce n'est pas, cependant, sans une vive émotion que nous prenons la parole dans cette enceinte et dans ces circonstances, car nous avons conscience de notre faiblesse, aussi, est-ce dans la certitude de votre indulgence seulement, que nous chercherons la force dont nous avons besoin. Nous comptons sur cette indulgence, car nous n'avons qu'une prétention, mais absolue celle-là, c'est de parler en honnête homme afin d'accomplir sans hésitation, sans crainte, notre devoir.

Messieurs, si nous ne nous trompons pas, après la lecture de tous ces documents, après l'audition de si nombreux témoins, avec la connaissance que vous avez des milieux où se sont agités tant de passions, tant d'intérêts contraires, la lumière a dû déjà se faire dans vos esprits et les convictions commencer de s'y former. Il nous semble donc que pour fortifier celles-ci, pour vous amener à prononcer en conscience le verdict que la loi demande, le plus simple, le mieux sera de résumer rapidement, et clairement, si nous le pouvons, les diverses phases de cette affaire autour de laquelle on a semé tant de bruit que les esprits les plus sains en ont été étrangement troublés.

Ce résumé nous chercherons à le faire avec le calme qui sied à la justice, la modération qui en est l'honneur, et l'impartialité qui en est le devoir.

Nous écarterons donc, avec le plus grand soin, tout ce qui ne se rattache pas, par des liens directs, à l'affaire en elle-même ; nous nous efforcerons de déterminer avec précision les faits qui ont motivé la poursuite, et aussi de proportionner exactement à la gravité de ces faits la portée de nos réquisitions.

Telle est la tâche que nous allons aborder, de suite, en commençant par le récit des faits qui constituent, dans leur ensemble, le crime que vous devez juger.

Dans les premiers jours du mois d'avril de 1869, une caravane partait de Gafsa, petite ville du sud de la Tunisie, arrivait en Friana, et s'y fractionnait en deux parties : l'une, composée de Gafsasas, remonta au nord, par le pays des Fraichichs et gagna Tébessa par le col de Beccaria ; l'autre, composée d'Ouled Rhadouan, avait ses raisons, et de bonnes sans doute, pour ne pas suivre le même chemin ; elle piqua, au plus court sur notre frontière, franchit celle-ci au Khanguet Safsaf et prit la direction de Tébessa. Elle remonta, du sud au nord, les vastes plaines couvertes autrefois par les campements des Ouled-Sidi-Abid, mais aujourd'hui presque désertes, suivant exactement le chemin qu'elle devait reprendre au retour. Cette caravane se composait en tout de quatre-vingt-quinze chameliers ou conducteurs poussant devant eux cent-seize chameaux et trente-six ânes, chargés des productions du pays.

Les débats ont fait ressortir, à l'évidence, les nationalités ou plutôt les origines de ces quatre-vingt-quinze hommes ; ils étaient tous, à trois ou quatre exceptions près, des O. Rhadouan, qui sont une fraction de la grande tribu des Hammamas. En cette qualité, les O. Rhadouan sont englobes dans la haine séculaire, mortelle, implacable que les Nememchas portent aux Hammamas, et qu'ils partagent avec toutes les autres tribus de ce côté de notre frontière. Il faut reconnaître cependant que les O. Rhadouan, de la caravane en question, étaient presque tous des environs de Gafsa, où ils vivent, mais sous la tente, aux environs de l'oasis, presque dans ses faubourgs. Ce sont eux qui conduisent et qui escortent, généralement, les caravanes portant, dans les différentes directions, les produits de Gafsa. Ces produits sont des huiles, des dattes, des fruits et des étoffes bien connues sous le nom de *fraichias*. De Gafsa à Friana, les gens de la caravane avaient marché réunis. La nécessité de se garder, de se défendre contre les tribus tunisiennes, autrement dangereuses que les nôtres, et aussi contre les coureurs Hammamas, leurs frères, leur faisait une loi de cette précaution. Par contre, et de ce côté de la frontière, côté si calomnié, cette précaution parut inutile aux O. Rhadouan, car à peine l'eurent-ils franchie qu'ils se fractionnèrent pour ne plus marcher que par groupes, s'échelonnant selon les forces ou les chargements des animaux.

Les premiers de cette caravane arrivaient à Tébessa, le 8 avril, dans la soirée ; les autres, le lendemain 9, et dans la journée. Tous ces Tunisiens étaient réunis, dans la soirée du 9, sur le marché de Tébessa, qui est attenant aux murs de la cité ; ils y établirent leur campement.

Les gens des caravanes n'ont pas l'habitude de perdre le temps ; pour eux il est de l'argent. Ils ont hâte de faire leurs échanges, leurs ventes, leurs acquisitions et de revenir là où ils ont laissé les tentes, la famille. Dès le 10, lendemain de son arrivée, la caravane se scinda en trois fractions : l'une resta à Tébessa, y fit ses affaires, y séjourna jusqu'au 14 : des deux autres, l'une partit pour Soukaras, l'autre pour Aïn-Beïda ; nous n'aurons à nous occuper que de la première de ces fractions, celle restée à Tébessa.

Revenons en arrière de deux jours. c'est-à-dire au 8, jour de l'arrivée des premiers de la caravane sous Tébessa. Que s'était-il passé, et comment la venue de ces O. Rhadouan, fraction des Hammamas, avait-elle répandu l'émotion dans nos tribus et excité l'attention de l'un de leurs chefs ? Nous ne pourrions nous en rendre compte, si la présence de ces gens n'avait rien d'anormal sur notre marché, si de semblables caravanes y venaient fréquemment, périodiquement, mensuellement même, comme la procédure a semblé l'établir. Toujours est-il que le 8, dans l'après-midi, le caïd des Ouled Sidi-Abid, c'est-à-dire de la tribu sur le territoire de laquelle les Tunisiens avaient passé ou passaient dans le moment, s'émut de leur arrivée. Mohamed Chettouch, c'est le nom de ce caïd, est un homme âgé, sage, respecté à Tébessa. Vous l'avez entendu, Messieurs, vous avez pu le juger. Ce n'est pas une tête légère ! il avait causé avec quelques-uns des Tunisiens venus les premiers, puis il s'était rendu au bureau arabe. S'adressant au chef du bureau, alors le lieutenant de Boyat : « Je viens d'ap-« prendre qu'une grande caravane, composée de chameaux et de gens de « Gafsa, se rend à Tébessa. Arrivés à Friana, les gens de Gafsa *se sont* « *séparés des Hammamas*. Ces Gafsasas, qui ont passé par Beccaria, sont « déjà ici. Les *Hammamas* (le caïd a bien dit les Hammamas) arrivent par « Ténoucla. » Il dit ensuite qu'il ne comprenait pas que les Hammamas vinssent s'approvisionner sur notre marché, eux qui étaient nos ennemis et qui pillaient ceux de nos tribus qu'ils pouvaient rencontrer.

« Pendant que je parlais, ajoute Chettouch (déposition n° 90, 1er dossier), « M. de Boyat écrivait sur un papier ce que je lui disais. Je le vis se « lever et aller chez le commandant ; quand il revint, il ne me dit rien et « je le quittai. »

Cette déposition est claire, indiscutable. Voilà donc, dès le 8, dans l'après-midi, le commandant prévenu de l'arrivée de la caravane par un de ses caïds qui, de bonne foi, certainement, le trompe sur sa composition, sur l'origine des gens qui gagnent Tébessa.

Que fait ce commandant? Il répond à son chef de bureau arabe : « Voyez « le caïd Si Ahmed Lakhdar qui est ici, et dites-lui d'empêcher ces gens « d'arriver... de les razzer. »

Premier ordre fatal, donné bien à la légère, d'où allait découler tout le mal ! Ordre cruel, contraire à ses instructions et qui, de fatalités en fatalités, devait conduire un an plus tard M. le commandant Sériziat sur le banc des accusés.

M. de Boyat fit appeler Si Ahmed Lakhdar et, au nom du commandant, lui signifia l'ordre.

Or, au moment précis où cet ordre était ainsi donné, le gros de la caravane était au delà du col de Tenoucla et devait y passer la nuit. La tribu des Ouled Sidi Yahia-ben-Taleb, dont Si Ahmed Lakhdar est le chef, est une tribu puissante ; elle touche aux portes de Tébessa, elle confine au col de Tenoucla par le nord. Que le caïd Lakhdar eût été de la trempe d'un Mohamed ben Ali, qu'il n'eût pas été plus sage, plus prudent que celui-ci, il pouvait monter à cheval sur l'heure, rassembler ses cavaliers, se porter à leur tête à la sortie du col de Tenoucla et le lendemain... Le lendemain, les O. Rhadouan ne fussent pas arrivés à Tébessa ! L'ordre cruel eût reçu son accomplissement.

Pourquoi le caïd Lakhdar, contrairement aux idées, disons-le, aux instincts arabes, n'a-t-il pas accepté avec empressement la proposition qui lui avait été faite ? Il le dit nettement dans sa déposition : « Je ne voulais « pas agir sans avoir un *ordre écrit*. Si M. de Boyat, quand il m'a parlé « de cela, le vendredi, m'avait donné une lettre, je serais parti immédia- « tement faire monter mon goum à cheval, et j'aurais opéré la razzia, au « lieu d'attendre ici trois jours, comme je l'ai fait. » Et sur cette demande ; « N'avez-vous pas refusé de faire cette razzia, parce que vous « n'aviez aucune cause d'inimitiés contre les Hammamas ? » — « Celui qui vous a dit cela ment ! » Voilà qui est catégorique ! Vous n'oublierez pas, Messieurs, cette nette réponse du caïd Lakhdar, quand nous en serons à juger le caïd Mohamed et sa facilité à recevoir, à exécuter des ordres bien moins formels et bien moins authentiques que celui d'un collègue dont il n'ignore pas les refus et qui eût dû être un exemple, une leçon ! C'est le même collègue, c'est Si Ahmed Lakhdar, en effet, qui dira plus tard, dans sa déposition : « Mohamed ben Ali est sans excuse d'avoir pris « la caravane, car il savait par son frère Ahmed que M. de Boyat lui avait « refusé, devant moi, la permission de l'attaquer. »

Mais n'allons pas plus vite que les événements. Ainsi donc, le 8, dans l'après-midi, arrivée des premiers de la caravane tunisienne, nouvelle donnée par le caïd Chettouch à M. de Boyat et de la venue de ces gens, et de la présence au delà du col de Tenoucla du gros de la caravane, composée exclusivement d'Hammamas ; plaintes du caïd à ce sujet. Ces plaintes sont aussitôt portées à la connaissance du commandant supérieur; celui-ci répond par l'ordre donné au caïd des Ouled Sidi Yahia d'empêcher les gens d'arriver, de les razzer. Le caïd n'obéit pas, parce que l'ordre ne lui est pas donné par écrit, et pas pour d'autre raison.

Le lendemain 9, au rapport du matin, le commandant supérieur demande à son chef de bureau s'il a transmis ses ordres. « Oui, lui répond celui-ci, » puis il ajoute, évidemment comme un homme qui doute de l'opportunité de pareilles mesures : « Mais quels motifs avez-vous d'engager

« les Ouled Sidi Yahia dans une affaire avec les Hammamas ? Cherchez, « répond le commandant, dans la correspondance, vous y trouverez qu'en « 1867, les Ouled Rhadouan sont venus razzer les Ouled Sidi Yahia et en « ont tué plusieurs. » Puis, revenant à son idée fixe : « J'ai vu le frère du « caïd des Brarchas ; il est ici, faites-le appeler et tâchez de voir si les « Nemenchas ne peuvent empêcher les Hammamas d'arriver chez nous. »

Or, ce frère du caïd des Brarchas était Ahmed ben Ali, aujourd'hui accusé et contumax. Les Brarchas sont, eux, une fraction puissante des Némenchas,

Il est probable qu'en recevant ce second ordre, répétition de celui de la veille, M. de Boyat qui ne l'approuvait pas, nous en aurons bientôt la preuve, dût faire des observations à son chef; que M. de Boyat, par un sentiment facile à comprendre, et qui lui fait honneur, ne veuille pas en convenir, nous ne saurions l'en blâmer, mais nous croyons qu'il a dû parler, conseiller, et si bien, qu'au sortir du rapport, le commandant Sériziat envoyait au général sa première dépêche, en date du 9 avril, 10 heures, dépêche que vous connaissez bien, Messieurs, qu'il est inutile de relire ici, et qu'il eût été sage d'envoyer dès la veille et sans attendre les réflexions, peut-être les conseils d'un inférieur.

Eh bien! nous le disons, avec tristesse, dans cette dépêche on cherche déjà à donner le change à une autorité supérieure qui est loin, qui ne peut que s'en rapporter à ses agents; en effet, cette forte caravane est dite d'Ouled Rhadouan de la tribu des Hammamas; elle vient faire des achats de grains.

Or, on était au lendemain de la disette, le blé était bien cher et bien grandes les misères;

« La présence de ces Hammamas cause une certaine émotion chez les indigènes de nos tribus. »

Mais comment le savait-on? La caravane n'avait traversé que des solitudes, et seul Chettouch en avait parlé.

« D'un autre côté, dans l'état actuel du sud ne vous paraît-il pas nécessaire d'empêcher des achats de grains qui pourraient parvenir aux dissidents? »

La question dernière était bien posée, et l'on ne cachait guère le sens que l'on eût désiré à la réponse, et certes, Messieurs, si le général eût répondu dans ce sens, il eût bien un peu été excusable. Que fit-il au contraire? Il télégraphia aussitôt l'ordre de respecter le commerce et tous ceux qui l'exercent.

Messieurs, nous n'avons jamais admis, et rien au monde ne saurait nous faire admettre que nous sommes ici pour accuser quand même et toujours, pour ne trouver devant nous que des coupables et les poursuivre sans pitié et sans justice. Nous venons de dire que M. Sériziat fut coupable et bien coupable en donnant ses ordres la veille, en envoyant le lendemain la dépêche dont nous venons de parler, mais nous devons nous hâter de *déclarer*, et nous le faisons *hautement*, que cette dépêche emportait avec elle l'excuse des *sentiments* de celui qui l'avait écrite. Car sa rédaction prouve, à l'évidence, que si M. Sériziat espérait, sollicitait même l'ordre d'arrêter les Hammamas, c'est qu'il croyait à la présence de ces implacables ennemis de nos tribus, c'est qu'effectivement le blé était bien cher, et qu'il était sûr de le voir renchérir par le fait de ces ennemis, puis passer, par leurs mains, aux dissidents du Sud; c'est qu'il fallait ne pas augmenter le mécontentement de nos tribus fidèles, au contraire relever leur moral, leurs courages affaiblis. Donc, dans cet ordre sollicité, nul intérêt personnel, nulle raison sordide, mais une raison politique, une raison d'Etat, en quelque sorte, c'est-à-dire de celles, hélas! qui priment et dominent toutes les autres?

Cependant, le rapport du 9 est terminé, la dépêche est partie, la réponse du général n'arrivera que dans la soirée. Dans l'après-midi, le chef du bureau arabe a fait demander Si Ahmed Lakhdar. Au lieu de faire des recherches dans la correspondance de 1867, il lui demandera quels sont les griefs remontant à cette époque, que les Ouled Sidi Yahia pourraient bien avoir contre les Hammamas? Si Ahmed répond, alors que deux ou trois cavaliers Hamaïlas ont été tués par les Hammamas, ceux-ci conduits par leur caïd. Devant un aussi mince grief (nous disons mince pour des Arabes et sur ces frontières), M. de Boyat dut sourire avant de répondre comme il le fit : « Je n'ai pas le droit de t'empêcher d'exécuter un ordre du com« mandant, mais si tu m'en crois, ne fait rien à cette caravane et méfie« toi de l'attaquer. »

Si cette déposition est admise, si ce sage conseil a été donné, pourra-t-on supposer, par la suite, que le chef du bureau arabe donnera, à quatre jours de distance, des ordres diamétralement opposés au frère du caïd Mohamed ben Ali, et alors contre la volonté retournée de son chef. Non! ce ne sera pas admissible!

Pendant la conversation entre M. de Boyat et Si Ahmed Lakhdar, Si Admeh ben Ali était entré au bureau. En exécution des ordres reçus, au rapport du matin, et sans congédier Lakhdar, le lieutenant de Boyat mit Ahmed sur le terrain qu'il s'agissait d'aborder : « Qu'y a-t-il de nouveau « dans la tribu? Les gens ont-ils toujours peur des Hammamas! N'as-

« tu rien entendu dire de précis sur ces ennemis? Ne craint-on pas quelque « razzias de leur part? »

Ahmed ne comprend pas, ou feint de ne pas comprendre : à toutes les questions, il répond « Non ! » Puis, arrivant au secret motif de sa visite : « En venant ici, j'ai entendu parler des Hammamas qui sont venus y « commercer; donne-nous la permission de les razzer. »

Ahmed, en ce moment, savait-il l'offre faite la veille, renouvelée le jour même à Si Lakhdar? Venait-il offrir de se charger, au nom de son frère, de la mission que refusait le prudent et sage caïd des Ouled Sidi Yahia? nous ne pouvons le dire, encore moins l'affirmer. Car Ahmed seul pourrait faire la lumière, et de ce moment précis, sa cause, celle de ses frères, des accusés arabes va se séparer de celle du commandant. Cela se comprend de reste.

M. de Boyat affirme qu'il répondit à Ahmed « d'avoir à se bien garder de rien faire aux gens qui venaient commercer chez nous; que jamais on ne devait traiter des caravanes en ennemis. »

Mais, nous dira-t-on, il y a là contradiction; car si M. de Boyat devait répondre dans ce sens, à quoi bon les questions qui avaient précédé la demande de Si Ahmed. C'est vrai, il y a là, effectivement une contradiction, mais celle-ci n'est qu'apparente. En effet, le caïd Si Lakhdar était là, lui aussi. Or, comment, en sa présence, le chef du bureau arabe eût-il pu donner à Si Ahmed une permission qui eût cadré si mal avec le conseil donné quelques minutes avant au caïd des Ouled Sidi Yahia? Or, ce caïd, nous l'avons dit plus haut, affirme que, devant lui, M. de Boyat, refusa à Si Ahmed la permission d'attaquer la caravane.

Permettez-nous, Messieurs, d'insister sur ces détails : plus tard Mohamed ben Ali déclarera dans une de ses lettres (n° 23), que M. de Boyat lui fit donner par son frère Ahmed, le 9, l'ordre de razzer la caravane. Ce sera le point de départ de son système de défense ; plus tard aussi, M. de Boyat affirmera qu'il a donné l'ordre précisément contraire. Si le caïd Lakhdar, qui était présent, affirme et maintient aussi son dire, le doute n'est plus possible, et tout l'édifice de la défense arabe croule déjà par la base.

Le soir même (ou le lendemain), Ahmed ben Ali quitta Tébessa pour aller rejoindre son frère aux Sbikhas. Quant au sage Lakhdar, il resta en ville, laissant les Hammamas arriver bien tranquillement sur le marché. Avouons, Messieurs, que le terrible bureau arabe se fût contenté de peu, s'il avait tenu réellement à l'exécution des ordres auxquels un caïd obéissait de cette façon ! Si cette indulgence n'est pas dans ses habitudes, un mot pourrait l'expliquer. Le commandant supérieur avait reçu la réponse nette, catégorique du général.

Nous arrivons au 10 avril. Au rapport, le commandant supérieur donne communication de la dépêche du général au chef de son bureau arabe. Celui-ci devra donner contre ordre à Si Lakhdar, au sujet de la caravane.

Le premier ordre avait donc été maintenu, pendant trente-six heures, par le commandant Sériziat, pendant six fois plus de temps qu'il n'en fallait pour son exécution.

Cependant M. de Boyat fait observer qu'il serait peut-être bon d'écrire à tous les caïds dans le sens de la lettre du général. « Inutile, répond le « commandant, ils ont des ordres antérieurs pour la sécurité des cara- « vanes. »

Hléas ! les ordres desquels peuvent dépendre la sécurité du commerce, la paix des frontières, les existences d'hommes inoffensifs sont toujours bons à donner, à répéter, à affirmer ! S'ils étaient si inutiles, pourquoi le commandant Sériziat les avait-il provoqués lui-même vingt-quatre heures avant ?

Après le rapport, M. de Boyat appela Si Lakhdar, lui signifia le contre-ordre et ne s'occupa plus de cette affaire.

Le même jour, 10 avril, Si Ahmed ben Ali arrivait aux Sbikhas, auprès de son frère, le caïd Mohamed. Que lui dit-il ? Nous l'ignorons, mais, peu d'instants après son arrivée, le caïd écrivit une lettre au commandant supérieur. Cette lettre est au dossier, elle est datée du 10 avril, elle est adressée au commandant, non à son chef de bureau arabe; son importance est capitale.

Mohamed ben Ali annonce qu'il est informé de la présence des Hammamas. Mais par qui ? Il ne le dit pas. Cette présence des ennemis lui fait mal au cœur. Il demande de les razzer lors de leur retour et il les fait surveiller.

Or, que signifie cette lettre ? Evidemment, qu'Ahmed n'avait pas reçu la veille, de M. de Boyat, et transmis à son frère l'ordre de razzer la caravane ; sans cela, pourquoi demander à nouveau cette permission, et dans ces termes ? ou bien qu'il l'avait reçu et transmis, mais que, comme Lakhdar, Mohamed ne trouvait pas cet ordre suffisant, et qu'il voulait, lui aussi, *un écrit.*

En dehors de ces deux suppositions, cette lettre n'a pas de sens, elle n'a pas de raison d'être.

Mais Mohamed demande purement et simplement l'ordre d'agir, il ne fait même pas allusion à l'ordre verbal que lui aurait porté son frère.

Donc, cet ordre n'a pas été donné à son frère, donc il ne l'a pas reçu de lui.

Nous avons insisté sur ce fait, parce que nous y trouvons la preuve d'une seconde contradiction dans ce que nous avons appelé le système de la défense arabe.

Messieurs, vous vous rappelez certainement les efforts que nous avons faits, au cours des débats pour obtenir des témoins les plus dignes de foi, des renseignements exacts sur la distance qui sépare le campement des Sbikhas, de la ville de Tébessa ; aussi, sur le temps rigoureusement nécessaire à un cavalier marchant à des allures vives pour franchir cette distance ; d'après la carte, au compas, elle est de 90 kilomètres ; pour la parcourir, il faut à un cavalier bien monté et voulant aller vite, au moins quatorze heures.

Pour la suite de notre discussion, nous admettrons cette donnée de quatorze heures pour un cavalier.

Partant de là, nous estimons que la lettre du caïd Mohamed, datée du 10, et des Sbikhas, arriva le lendemain 11 avril à Tébessa ; elle fut remise directement au commandant Sériziat, nous disons *directement,* car il est certain que le commandant était maître chez lui et savait se passer de son bureau arabe ; il parlait et lisait facilement la langue, il recevait donc de première main toutes les dépêches, les annotait lui-même et les renvoyait ainsi annotées, pour la réponse ou la discussion, à son chef du bureau arabe. C'est ainsi qu'il fit pour la lettre du caïd.

Vous connaissez, Messieurs, cette trop fameuse annotation qui commence par ces mots : « ne rien répondre de direct, » qui finit par une phrase dont le sens a été, va être et sera discuté bien longtemps ; que cela ne vous étonne et ne vous trouble pas, car il aura raison, longtemps encore, celui qui disait : « donnez-moi une ligne, rien qu'une ligne de l'écriture d'un homme, et je me charge de le faire pendre. »

Pour nous, Messieurs, cette annotation ne signifie rien, ne prouve rien ! De quel droit, en effet, jugerions-nous un homme et prononcerions-nous sur son sort, sa vie, son honneur, d'après les intentions que nous lui prêterions, sur une phrase, sur un mot douteux, obscur ! non ! non ! ce n'est pas ainsi que la justice procède chez nous, en France, en plein dix-neuvième siècle ! Pour condamner, pour frapper, il faut d'autres preuves, d'autres évidences !

Puis, et dans l'espèce, que signifie cette note ? a-t-elle été jusqu'au caïd ? celui-ci en a-t-il eu connaissance seulement ? Non ! Cette note, jetée à la hâte, ne devait aller qu'au chef du bureau arabe ; elle devait être discutée le lendemain. Tout au plus, indiquait-elle le sens à donner à la réponse. C'est cette réponse, et seulement cette réponse, qui pouvait, qui devait faire loi !

Le lendemain, 12 avril, la réponse fut faite par M. de Boyat, écrite par son Khodja, présentée à la signature du commandant, enregistrée ensuite ; puis, scellée, elle dut partir dans l'après-midi. Selon toutes les probabilités et selon les distances, Mohamed dut la recevoir, le lendemain 13. Ce même jour 12, un des frères du caïd, Amara ben Ali, avait quitté, au lever du soleil, le campement de Sbikhas ; il se dirigeait sur Tébessa, où il était appelé par le bureau arabe, pour une affaire d'intérieur de tribu ; il était de plus, chargé par son frère de la mission dont il va être parlé; il doit croiser, en route, le cavalier qui portait à ce frère le dernier ordre du commandement.

Amara qui entre ici en scène, qui va désormais y jouer le rôle principal, était arrivé aux Sbikhas le 11 avril; il revenait de Négrin, il y trouva son frère Ahmed; celui-ci dut lui parler de la caravane, de la lettre qu'il avait écrite, la veille, à son sujet, dans laquelle il demandait l'autorisation de la razzer. La réponse à cette lettre n'avait pu encore parvenir aux Sbikhas, quand Amara en partit. Ceci explique la recommandation du caïd: «Tu verras l'autorité, je lui ai écrit, tu lui demanderas sa réponse à « ma demande. »

Il est supposable, nous dirons même probable, qu'en outre de ses instructions, Amara reçut celles de surveiller la caravane et d'avoir à prévenir le caïd de tous ses mouvements. Pour nous, et dès lors, sa perte était résolue, l'insistance, la hâte du caïd à obtenir l'autorisation de razzer, et aussi les termes de sa lettre : « Je les fais surveiller, je les prendrai au retour, » en sont la preuve; seulement, à ce moment, la passion du lucre n'entrait pour rien dans cette résolution. Mohamed ne nourrissait que des idées de vengeance, d'influence, qui sait? de gloire, de renommée peut-être !

Muni de ces instructions, Amara partit des Sbikhas le 12 au matin, après le lever du soleil. Il était accompagné du cheikh de Négrin, Mohamed ben Amar et des cavaliers Ali ben Mohamed et Mohamed ben Younès. Si vite qu'il put aller, et rien ne nous explique cette hâte de sa part, il dut, avec des compagnons et des chevaux fatigués, car ils venaient de Négrin, mettre au moins quatorze heures à faire le trajet des Sbikhas à Tébessa, c'est-à-dire plus de 90 kilomètres. Or, dans cette saison, le soleil se lève à 5 heures 17^{m}, si nous en croyons l'annuaire des longitudes; il ne put donc pas arriver à Tébessa avant sept heures de la soirée. Lui dit : « J'y arrivai dans la soirée. » Le cheikh : « Nous arrivâmes quand le soleil se couchait derrière El Amba! » Les cavaliers varient : « c'était entre l'Asser et le Mogreb, entre 4 et 6 heures 1/2, » Pour nous, pas de doute, c'est après six heures qu'Amara fit son entrée à Tébessa. Or, à cette heure, et depuis longtemps le bureau arabe est fermé. Tout le monde sait l'exactitude des bureaux en général, pour l'heure de la fermeture. Donc, Amara, arrivant à Tébessa, le 12 après six heures du soir, n'a pu, comme il le dit, se rendre au bureau arabe, et y trouver M. de Boyat ! C'est son premier mensonge !

A-t-il été trouver M. de Boyat chez lui? Il ne l'a pas dit; il n'eût certes pas oublié ce détail ! puis, en vérité, qu'avait-il donc besoin de tant se presser ? la caravane était-elle donc en route? Enfin, s'il avait tant de hâte d'obtenir le fameux ordre, s'il l'obtint effectivement le 12, vers quatre heures, pourquoi attendra-t-il au lendemain, vers le midi, pour l'expédier à son frère? C'est... absurde.

C'est le lendemain de son arrivée, c'est le matin du 13 seulement qu'Amara se présenta, pour la première fois, au bureau arabe. Il s'y rendit avec le cheikh de Négrin et les deux cavaliers. Ceux-ci en témoignent. L'affaire du vol des moutons réglée, il est probable qu'Amara resta seul avec le lieutenant de Boyat et lui posa alors sa fameuse question : « Mon frère t'a écrit au sujet de la caravane, as-tu une réponse à lui faire ? » C'est alors qu'aussi M. de Boyat lui aurait répondu par le non moins fameux : « Oui ! oui ! dis-lui de la prendre ! »

D'abord, Messieurs, ce n'est pas au chef du bureau arabe, mais bien au commandant supérieur que le frère, le caïd avait écrit et adressé sa lettre; pourquoi donc est-ce à M. de Boyat, non au commandant supérieur, qu'Amara s'adressa pour la réponse? Il devait demander celle-ci à l'autorité. Or, depuis quand, à Tébessa, l'autorité était-elle représentée par le subalterne, par l'agent, non par le chef? Celui-ci était-il donc inabordable? Nous verrons plus tard que non. Laissait-il à un autre la direction des affaires ? Pas davantage, la lettre de Mohamed, par son adresse d'abord, et puis par son annotation, le prouve suffisamment.

Admettons-le cependant ! Eh bien, dans cette hypothèse, la réponse faite à M. de Boyat par l'accusé Amara est-elle seulement probable, possible ? Nous répondons : Non ; le « Oui, oui, dis-lui de la prendre, » n'est pas probable, n'est pas possible, après les sages conseils donnés à Lakhdar, le 9 ; après la défense faite à Ahmed le 9 encore; enfin, au lendemain de la réponse envoyée la veille au caïd et qui lui arrivait dans le moment même où Amara la demandait ! Notre raison se refuse à croire à un pareil revirement de la part de M. de Boyat, d'autant que rien n'était changé dans la situation, rien, sinon les ordres du commandant, et c'était précisément ces ordres que le chef du bureau arabe n'avait pas approuvés, qu'il avait transmis si... mollement.

Donc, le « Oui, oui, dis-lui de la prendre ! » est une fable ; c'est le second mensonge du digne Amara !

Et voyez, Messieurs, si la réponse de M. de Boyat n'est pas plus logique, plus probable tout au moins ; voyez si elle ne coule pas de source, si elle n'est pas forcée ; à la demande d'Amara, il a répondu sans autre explication : « La réponse du commandant est partie. » Pour qui sait les allures des officiers des bureaux arabes, nul doute que le vrai ne soit là. Quand on traite avec les Arabes, et surtout avec ceux de l'importance d'un Amara, on est bref, on est concis, on ne dit rien de trop. C'est ce que fit M. de Boyat.

Croyons cependant Amara pour un instant. Comment ! ces six mots : « Oui, oui, dis-lui de la prendre » lui eussent tenu lieu d'un ordre ? Quoi ! c'est en vertu de ces mots qu'il aurait transmis à son frère un ordre aussi grave ? Quoi, ce frère, un caïd, l'aurait accepté, et cela quelques heures à peine après avoir reçu l'ordre formel signé du *chef*, du *vrai*, du *seul chef !* Allons donc ! il eût fallu pour cela, d'une part un trop grand désir de recevoir l'autorisation sollicitée, de l'autre une bonne volonté trop grande de l'accepter les yeux fermés ! Messieurs, vous croirez peut-être à cette bonne volonté, mais vous ne croirez pas au prétendu ordre qu'Amara emportait, selon lui, du bureau arabe, le 13, au matin, et dont il allait faire un si bon usage.

A peine dans la rue, Amara se met en quête du messager qui devra porter aux Sbikhas le fameux ordre! Il n'en trouve pas, il met philosophiquement dans ses poches certaines lettres qui lui ont été remises par M. de Boyat pour son frère le caïd, pour Belkassem ben Naceur ; puis, pour tuer le temps, sans doute, il va faire visite au commandant; il est reçu, il cause avec cet officier, qui est le chef ; il avoue naïvement qu'il ne lui dit pas un mot de la caravane, des ordres qu'il a provoqués et reçus quelques instants avant à son sujet. Est-ce assez simple, Messieurs ? Il sort, puis toujours se promenant, il rencontre un certain Brahim, un Allaouna, que nous appellerons *l'introuvé*, car personne n'a jamais pu savoir et ce qu'était ce Brahim et ce qu'il est devenu. Muni de son Brahim, Amara se rend chez le taleb Hassein ; il demande à celui-ci une bonne tasse de café bien sucrée, puis il lui dit à l'oreille, c'est-à-dire de façon à ce que des témoins puissent l'entendre « de lui écrire des lettres. » Personne n'a jamais vu ces lettres, et Hassein lui-même, l'ami de la famille, ne se rappellera pas les avoir écrites, mais qu'importe ! Amara les remet au Brahim, celui-ci part, il est à pied, il n'a reçu que deux lettres : l'une est pour un chef de douar, Hadj Mamor, l'autre est pour le caïd Mohamed. C'est Hadj Mamor qui se chargera de faire parvenir celle-ci, rapidement, dans la nuit, s'il est un frère. Or, Messieurs, pourquoi l'intervention de ce Mamor ? Pourquoi n'avoir pas envoyé directement l'ordre si important qui a besoin d'arriver si vite ? Pourquoi avoir tant cherché un messager que l'on ne retrouvera plus, qui est à pied, quand on avait sous la main les deux cavaliers venus la veille et qui, leurs affaires terminées, n'avaient rien à faire à Tébessa ? On avait donc besoin de témoins pour l'avenir, on les préparait déjà. Messieurs, ce luxe de témoins m'a toujours mis en défiance. La vérité en a moins besoin que l'imposture. Une dernière observation : qu'étaient, que sont devenues les lettres pour Mohammed, pour Belkassem, pour deux caïds et qui, le matin, avaient été confiées à Amara, par le bureau arabe ? Si on ne l'a pas dit, ces lettres ne seraient-elles pas celles confiées à Brahim, transmises par Mamor ? Tout s'expliquerait alors seulement, et alors aussi Amara n'aurait pas transmis le fameux ordre, donc il ne l'aurait pas reçu et son frère... pas davantage.

Revenons à Amara ; son Brahim est parti avec les lettres, il se hâte à pied vers Mamor, Amara, lui, se promène ; il va au marché, il surveille la caravane en flanant ; par hasard, il rencontre le témoin Mahmoud ; celui-ci l'aborde, lui demande brusquement la faveur d'être de la razzia qui se prépare. Etonnement d'Amara ; il n'a parlé de cette razzia à personne (il oublie Hassein et ses lettres et le maître d'école qui a tout entendu). Il dissimule cependant, il recommande le secret à ce cavalier, qui le sait « parce qu'on le promène par la ville, parce qu'on a vu et qu'il a vu « Amara entrer au bureau arabe et chez le commandant ! » Voilà de bonnes raisons ! Amara les accepte ; il recommande au cavalier Mahmoud de passer la nuit à Tébessa, il en aura besoin le lendemain. Que dites-vous, Messienrs, de cet Amara, de ce singulier émissaire des ordres du commandant ? Ces ordres ont-ils été donnés le matin, en secret, en tête-à-tête ; quelques heures après, ils courent la ville ! Et les gens ainsi menacés, proscrits, voués à la mort, sont encore là, à deux pas, sur le marché ! Et ils comptent de nombreux amis dans la cité ! Et personne ne les avertit du piége qui leur est tendu ! Et quand ils partiront, le lendemain, et que les juifs partiront avec eux, personne de ces amis, devenus si chauds plus tard, ne leur dira les embûches, le pillage, la mort qui les attendent !

Une fois encore ce n'est pas sérieux. C'est idiot ! ! Le lendemain, 14 avril, Amara se lève avec le jour ! Cet homme, qui pense à tout, avait eu, la veille, ses raisons et de bonnes, pour retenir le cavalier Mahmoud : « Si, demain, s'était-il dit, je ne reçois pas de réponse de mon frère à la « lettre que je lui ai expédiée par Brahim, je lui enverrai Mahmoud.

Mais, perspicace Amara, vous aviez donc oublié que Brahim était parti vers midi seulement, qu'il était à pied, qu'il lui fallait aller chez Hadj Mamor, que malgré toute la hâte de celui-ci à vous êtes agréable, son messager ne pouvait être auprès de Mohamed que bien avant dans la nuit, à minuit ? Entendez-vous, à minuit, au plus bas mot, si ce n'est à trois heures du matin, et non d'après nos calculs, mais toujours d'après la loi des distances ? Or, si votre frère ne pouvait recevoir vos lettres aux Sbikhas, qu'à l'heure de minuit, au plus tôt, comment espériez-vous avoir sa réponse, à Tébessa, au lever du jour, et même à huit heures du matin ? Votre précaution Mahmoud était donc encore une précaution inutile, et nous en sommes à votre troisième mensonge.

Donc, suivant Amara, le 14 au matin, et comme le soleil se levait, il expédie le cavalier Mahmoud. Après un long discours qui a dû bien étonner le cavalier, après lui avoir parlé du cercle français, du commandant, des Hammamas, des Nemenchas, de la caravane à prendre, il finit par ces mots : « le caïd est prévenu, il n'a pas besoin d'autres détails, tu « n'as qu'à te rendre rapidement auprès de lui ! »

Mahmoud part. Quelle heure était-il réellement ? Amara a dit : « c'était le point du jour. » Mais quelques instants après, dans sa déposition, il se coupe, car il dit : « quand Mahmoud fut parti je passai par le marché, la « caravane s'était mise en route ! ! » Or, Messieurs, vous le savez, la caravane s'était mise en route, effectivement le 14, mais à *huit* heures ! Mahmoud, interrogé, répond : « Quand je suis parti, le soleil était sur l'ho- « rizon. » C'est une réponse vague ; cherchons-en une autre qui le soit moins !

Selon Amara, étaient présents au départ de Mahmoud, mais à quelques pas, les nommés Salah ben Taïeb, Ali ben Mohamed, Ali ben Belkassem, les trois fidèles, ceux qu'Amara trouve toujours, partout, à point nommé. Salah ben Taïeb ne parle pas de ce départ de Mahmoud ; Ali ben Belkassem ne parle pas de l'heure, seulement il a entendu, et entendu de ses oreilles, Amara prescrivant à Mahmoud de dire au caid « de faire monter « le goum à cheval. » Ajoutons que, suivant Amara, le cavalier sur sa mule, lui à pied, se tenaient à l'écart, que les trois témoins étaient à quelques pas... et cependant l'un de ceux-ci entend, *de ses oreilles*, non pas précisément ce qu'Amara raconte, mais quelque chose d'analogue !

Ali ben Mohamed, le troisième fidèle, est moins explicite; il n'a rien entendu, mais c'était *vers huit heures* qu'étant avec ben Belkassem, il a vu passer Amara suivi par Mahmoud.

Ce témoignage, l'heure connue du départ de la caravane, les paroles d'Amara lui-même « Quand je revins, la caravane était partie, » tout concorde pour cette heure de huit heures qu'il faut croire, qu'il faut prendre pour celle du départ du cavalier Mahmoud. Donc Amara ne l'a pas expédié au soleil levant : c'est son quatrième mensonge en quarante-huit heures; nous ne les compterons plus.

Messieurs, nous avons insisté beaucoup et longuement sur l'heure du départ de ce messager d'Amara; nous le devions faire, et voici pourquoi : c'est que si Mahmoud est parti à huit heures, et nous venons de le prouver, c'est que si sa consigne importante était d'aller rapidement, il n'était pas expédié par Amara pour confirmer les ordres de la veille, pas davantage parce que celui-ci n'avait pas reçu une réponse de son frère, réponse qu'il ne pouvait pas avoir : il était expédié, et *rapidement*, parce-que la caravane venait de partir, et pour cela seulement. La proie, surveillée, convoitée, pouvait échapper ; il n'y avait pas une minute à perdre ! Et cependant, encore une précaution inutile d'Amara, disons-le en passant, Mahmoud montait un mulet, il fit un long détour, passa par Troubia, y vit son champ négligé, et, renonçant à accomplir sa mission, il la confia à son neveu ! Celui-ci ne dut arriver aux Sbikhas que longtemps après la nuit, et longtemps après le départ du caïd et de son goum. Donc, ou Mohamed avait d'autres espions, ou il n'avait pas besoin pour agir du deuxième messager d'Amara.

Quoi qu'il en soit, Mahmoud parti, la caravane partie aussi, que pouvait faire Amara à Tébessa ? S'y promener et y attendre les nouvelles des Sbikhas. Ainsi fit-il. Toujours en flânant, il rencontre Ali ben Mohamed et Ali ben Belkassem. Ceux-ci veulent rejoindre la tribu ; Amara les en dissuade, il faut rester, il vient d'envoyer à son frère l'ordre de faire monter le goum à cheval ; on razzera la caravane : c'est l'ordre de l'autorité. Toujours l'autorité ! Il faut avouer encore que voici des secrets bien gardés, et que ce n'était pas la faute d'Amara s'ils couraient la ville... Cette petite ville où tout se sait si vite, où l'israélite père de Nani était encore, courant les boutiques et faisant ses affaires ; et son fils et la caravane étaient encore à Ténoucla, et Ténoucla est à deux heures de Tébessa.

Or, le même jour, mais à 90 kilomètres de distance, que se passait-il aux Sbikhas ? La veille (c'était le 13), Mohamed ben Ali avait reçu la réponse du commandant, réponse, quoi que l'on puisse dire, bien nette et bien formelle. « Quant à vous, vous ne pouvez rien faire dans notre pays. » Devant un pareil ordre, un homme sage, un Si Lakhdar se serait tenu pour averti, c'est ce que Mohamed lui-même eût fait sans nul doute, si, pour son malheur, à quelques heures de distance, il n'eût reçu le message d'Amara. Que disait ce message ? Pourquoi n'a-t-il pas été conservé ? Pourquoi ne peut-on ou ne veut-on pas le représenter, quand le salut pourrait en dépendre ? Nous ne saurions le dire, le comprendre, si bien qu'il faut admettre ou que la lettre d'Amara n'a jamais existé ou qu'elle contenait des confidences bonnes... à garder pour soi. Admettons que cette lettre ait existé. Que pouvait-elle contenir ? Pas autre chose assurément que le : « Oui, oui, dis-lui de la prendre, » de M. de Boyat ! Mais quoi ! un caïd, un chef qui, depuis douze ans, connaissait la hiérarchie française et en avait été l'un des échelons, qui était intelligent, aurait accepté un pareil ordre, ainsi transmis, quand, peu d'heures avant, il avait reçu l'ordre contraire, formel, authentique, signé du commandant supérieur, écrit, expédié par le khodja du bureau arabe. Et il n'aurait même pas hésité entre ces deux ordres contraires, l'un émanant d'un lieutenant, chef du bureau arabe, il est vrai, mais deux fois l'inférieur du commandant, chef du cercle ! Non, ce n'est pas croyable, ou, si c'est vrai, Mohamed est un coupable sans excuse. Il faut choisir.

Pour Mohamed, le choix entre l'ordre du commandant et celui transmis par son frère ne fut pas long à faire. Son parti fut pris aussitôt, et à deux heures, le 14, comme il venait de recevoir le message d'Amara, transmis par El Hadj, il appela son collègue, le caïd Belkassem ben Naceur. Il trouva celui-ci plus que froid, plus qu'hésitant, car Belkassem refusa de marcher. Or, pourquoi cette froideur, ces hésitations, ce refus, si le bureau arabe avait ordonné ? Non ; seulement, le vieux caïd, plus prudent, plus expérimenté, avait flairé le piége. Il dut le dire à Mohamed, et celui-ci dut le comprendre, car il remit son départ et l'appel des goums. A six heures, Mohamed se ravisa. Il n'avait pu recevoir encore le message que Mahmoud devait lui porter, car Mahmoud était parti de Tébessa à huit heures, car il avait passé par Troubia et y avait perdu du temps. Or, pour aller de Tébessa aux Sbikhas, par Troubia, il faut quinze heures au moins, peut-être seize à dos de mulet, mais Mohamed avait d'autres espions ; il avait dû savoir par ceux-ci le départ de la caravane, peut-être son arrivée au delà de Ténoucla ; il fallait se hâter. Il se hâta si bien qu'à six heures il montait son cheval, sans attendre Belkassem, qu'il avait fait prévenir, et qui, décidément, se faisait tirer l'oreille ; sans même attendre les gens du goum, car tous sont unanimes à déclarer qu'on les prévint dans la nuit d'avoir à suivre leur caïd, à le rejoindre sur la route d'Elma-el-Abiod. Tous déclarent encore qu'ils ignoraient absolument le but de l'expédition. Laissons Mohamed voyager toute la nuit et faire d'une traite plus de cent kilomètres ; nous le retrouverons bientôt à Elma-el-Abiod, où il doit arriver le 15, vers onze heures.

Nous voici, Messieurs, à cette journée néfaste du 15 avril 1869. Le soleil est levé, un soleil d'Afrique et de printemps. Au delà du col de Ténoucla, les Tunisiens se mettent en route, mais un peu tard, contre leur habitude ; par fatalité, ils ont perdu près de vingt-quatre heures ! Vingt-quatre heures qui eussent pu, qui eussent dû les sauver ! Ils partent vers les six heures, se dirigeant vers le sud-est, parallèlement à notre frontière, mais en dedans. Ils durent passer vers les dix heures à Elma-el-Abiod. Peut-être virent-ils, sur leur droite, les cavaliers de Mohamed descendant des hauteurs de Doukhan ou traversant la plaine du Baïret-el-Erneb. Les Tunisiens ne s'arrêtant pas à Elma-el-Abiod, ils devaient hâter leur marche pour réparer le temps perdu.

Mohamed, au contraire, n'avait plus à se presser : soit qu'il eût coupé les traces fraîches de la caravane, soit que ses éclaireurs l'eussent reconnue, ou qu'il eût été prévenu par ses espions, il savait que sa proie ne pouvait lui échapper. Il s'arrêta donc à Elma-el-Abiod. Ses hommes, ses chevaux avaient besoin de repos; d'ailleurs il devait y attendre son frère Amara, son oncle Salah ben Redjeb, qu'il avait fait prévenir de son mouvement, qui devait lui apporter des vivres, c'est prouvé, aussi des ordres, ce qui l'est moins.

Que faisait, pendant cette matinée du 15, Amara resté à Tébessa ? Il nous l'a dit : Le matin, ne recevant pas de nouvelles, il s'est décidé à partir. Le coup doit être manqué. Il se rend au bureau arabe, il fait ses adieux au capitaine. « *Aucune parole ne fut échangée,* » puis il sort ; il ait huit heures. En sortant, et comme il était sur le seuil de la porte, il voit tout à coup un groupe de quatre cavaliers mettant pied à terre, et avec eux Salah ben Redjeb, à pied, venant il ne sait d'où. Plus tard, Messieurs, quand nous discuterons les faits relatifs à chaque accusé, nous prouverons ce qu'il faut rabattre de ce récit, de cette fable ; disons simplement que sur les quatre cavaliers, deux seulement entrèrent en ville ce jour-là, mais qu'ils n'y arrivèrent qu'entre dix et onze heures, que les deux autres n'étaient pas là, que Salah ben Redjeb n'y était pas davantage.

Mais croyons Amara pour le moment. Les cavaliers lui portent l'avis du mouvement des goums : son frère lui recommande de venir le rejoindre, mais pas sans avoir vu l'autorité. Là dessus, Amara envoie les cavaliers l'attendre hors de la ville ; lui, il rentre au bureau ; personne ne le voit, bien entendu, entrer chez M. de Boyat, lui parler ; lui, il affirme qu'il l'a prévenu du mouvement des goums et que son frère lui fait dire de voir l'autorité, de demander les derniers ordres. M. de Boyat, qui parle peu, décidément, si Amara parle beaucoup et trop, lui répond : « Dis-lui qu'il la prenne, c'est l'ordre du commandant. » Il va de soi que M. de Boyat nie avec énergie avoir transmis cet ordre, il n'a même pas vu Amara qui devait revenir après le rapport.

Il n'importe, Amara a son : « Dis-lui de la prendre. » Cela lui suffit et cela suffira au caïd ; il fait seller sa mule, oublie, dans sa précipitation, les provisions demandées par son frère, se fait suivre de l'oncle Salah, des trois cavaliers, et toujours galopant, arrive à Elma-el-Abiod. Il y est après le milieu du jour, vers une heure ; s'il a toujours galopé, il ne lui a pas fallu plus de deux heures et demie pour faire le trajet ; donc, c'est bien après dix heures, non après huit heures, qu'il a quitté Tébessa ; donc, ce n'est pas à huit heures, mais après dix heures qu'il serait rentré au bureau pour y prendre les derniers ordres ; or, après dix heures, M. de Boyat n'y était pas.

Encore une fois, pourquoi ces excès de zèle ? Pourquoi ces ordres ainsi quêtés au commandement ? Quel intérêt si grand pour Mohamed, pour Amara d'attaquer les commerçants ? S'ils n'exécutaient qu'un ordre, pourquoi ne pas l'attendre simplement, quittes à l'exécuter carrément ? Pourquoi ces espions, ces lettres, ces allées et venues, ces messagers pressés, ces ordres si singulièrement transmis, si facilement exécutés ? Est-ce donc ainsi, d'une part, que l'on commande, de l'autre, qu'on obéit ? Non ; le vrai encore, c'est que la caravane était faible en hommes, mais qu'elle emportait des richesses ; elle était bonne à prendre et on le savait. Quant à l'autorité, elle fermerait les yeux après les faits accomplis, d'autant que le coup de main, on y comptait bien, se ferait au delà de la frontière.

Il était une heure quand Amara rejoignit son frère. Mohamed attendait. Belkassem dormait à l'écart. Amara va droit au caïd, et cause avec lui seul. Que fut-il dit entre ces deux frères ? Dieu seul le sait. Amara a-t-il poussé le crime jusqu'à tromper son frère lui-même ? Nous n'osons le dire, mais nous pensons que le caïd Mohamed n'avait pas besoin des prétendus ordres qui lui étaient ainsi apportés. Ce qu'il avait attendu, c'étaient des renseignements précis sur la force, aussi sur les richesses de la caravane. S'il eût reçu ces ordres, s'il eût pu y croire, les eût-il cachés à Belkassem, son collègue, au fils de Gabah, à ses cheikhs, à ses cavaliers ? Ces ordres n'eussent-ils pas tout couvert, n'eussent-ils pas été reçus, obéis avec enthousiasme par ceux auxquels ils eussent présenté une riche proie à saisir, des ennemis mortels à exterminer et l'impunité ! Oui, cent fois oui ! Seulement, si ces ordres avaient été divulgués, il eût été bien difficile de mettre l'attaque sur le compte d'un simple accident de guerre, et alors on était perdu !

Alors, Messieurs, commença la chasse à l'homme : Mohamed qui, dès la veille, avait assumé le commandement, prit la piste; celle-ci était fraîche, facile, elle fut appuyée vivement. Pendant la halte d'Elma-el-Abiod, la caravane avait pris de l'avance, il s'agissait de faire vitesse pour l'atteindre, afin qu'elle ne pût se dérober à la faveur de la nuit.

Le voyageur qui va de Tébessa dans la direction du sud-ouest vers l'Oued-Mahouine et le Khanguet-Safsaf marche parallélement à notre frontière ; il a sur sa gauche la ligne de hauteurs qui forme notre limite et lui ferme l'horizon. Au sud, devant lui, une plaine immense ; il marche toujours sur la rive droite de l'Oued Elma-el-Abiod, qui s'appellera successivement l'Oued-Mahouine, l'Oued-Safsaf. Ce n'est pas une rivière, c'est un lit desséché, aux bords élevés, escarpés, bordés de genêts ; de distance en distance, quelques flaques d'eau. Cette plaine immense, qui se mesure par 200,000 hectares de superficie, est le territoire des Ouled Sidi Abid ; autrefois couverte de tentes, de troupeaux, elle est aujourd'hui déserte. Qu'était ce pays aux époques reculées ? Nous l'ignorons, mais si l'on en juge par les ruines, dont quelques-unes sont magnifiques et qui se dressent sur le sol, de mille en mille, il dût être singulièrement riche, singulièrement peuplé. De nos jours, c'est un désert sans bois, sans eaux, sans cultures, sans habitants ! C'est bien le pays de la peur !

C'est ce pays désolé que traversaient, le 15 avril, et la caravane tunisienne et le goum acharné à sa poursuite. Il paraît certain que les Tunisiens voulaient traverser la frontière au Khanguet-Safsaf ; c'est un des passages naturels de la route de Tébessa à Gafsa. Cette gorge franchie, on est en Tunisie.

D'Elma-el-Abiod à l'Oued-Mahouïne on compte cinq heures de marche, au pas du cheval. Pour des piétons, poussant devant eux des chameaux, des ânes chargés, il faut de sept à huit heures pour franchir la distance. Si la caravane avait passé à Elma-el-Abiod un peu avant dix heures, elle n'a pas dû arriver à l'Oued-Mahouine avant cinq heures de la soirée.

Pour Mohamed et ses goums, partis d'Elma-el-Abiod après une heure, il ne leur a fallu que trois heures et demie pour rejoindre la caravane, puisqu'il résulte des dépositions que l'on prit les allures vives, tantôt le trot, tantôt le galop. L'on marchait à la vitesse des chevaux, laissant en arrière les faibles, les fatigués et les hommes de mauvaise volonté. A la tête de ceux-ci marchait le caïd Belkassem bel Naceur. Le vieux chef paraissait très-désireux de rester en retard; il comprenait, sans aucun doute, à ces allures, que l'on n'allait pas à la rencontre des Hammamas, mais bien que l'on allait jouer un jeu qui pouvait coûter plus cher que les profits n'en vaudraient la peine.

Quand on a suivi pendant quatre heures, au pas du cheval, la plaine dont nous avons parlé plus haut, on entre brusquement dans un terrain singulièrement accidenté, coupé de ravins, semé de mamelons, ceux-ci couverts d'alfa, d'arbustes rabougris; la vue ne s'y étend qu'à de courtes distances; la route, le sentier plutôt, s'engage dans ce chaos, y devient, par instants, très-difficile, et, au bout de quelques kilomètres, rencontre le lit à sec de l'Oued-Dreimin. En ce point, l'Oued, butant contre un des contre-forts du Djebel-Dreimin, se dirige directement vers le sud-est, dans la direction du Khanguet-Safsaf; la route, elle, se bifurque en ce point précis. Prolongée au sud-ouest, elle conduit à Bir-el-Ater: tournant à l'est, sur la rive gauche de l'Oued, elle pointe sur le Khanguet. C'est cet embranchement que suivent les Tunisiens; ils voient, devant eux, à vingt kilomètres peut-être, le Djebel-Safsaf; derrière est la patrie, que, pour le plus grand nombre, ils ne reverront jamais. Ils devaient hâter le pas; ils comptaient, disent les survivants, atteindre le col avant la nuit, le franchir, puis marcher jusqu'au jour, afin d'*éviter* les Fraichichs, leurs *compatriotes*, leurs *frères!*

Mohamed ben Ali ne se pressait pas moins. En effet, dans ce pays bizarre, mouvementé, qu'il connaissait parfaitement, la nuit venue, la proie, si elle avait l'éveil, pouvait se dérober facilement; de plus, en arrivant sur l'Oued-Dreimin, la caravane avait eu à choisir entre deux directions : elle avait pu tourner à gauche, suivre la vallée de l'Oued et se diriger sur le Khanguet; ou bien, suivre la route de Bir-el-Ater, pour contourner le Djebel-Safsaf, prenant plus au sud.

Il importait de ne pas se tromper. Le chef Nemencha est un homme de guerre ; il fit ce que l'on doit faire en pareille circonstance ; le gros de sa troupe fut arrêté à quelque distance de l'oued Dreimin ; une avant-garde, choisie parmi les mieux montés, poussa en avant, passa le ruisseau et suivit la route de Bir-el-Ater. Mohamed, de sa personne, se tenait à la tête du gros; son collègue Belkassem dut le rejoindre alors, si nous en croyons le cavalier Salah ben Taïeb, qui avait assisté à l'attaque et qui nous indiqua le point précis où les deux caïds avaient attendu, pour être fixés par les éclaireurs, sur la direction à suivre.

L'avant-garde, dont nous avons parlé plus haut, se composait de treize cavaliers. Et qui la commandait? Amara, nécessairement. Celui-ci, marchant dans le Sud-Ouest, dut reconnaître qu'il avait perdu la piste et faisait fausse route. Se rabattant alors à gauche pour regagner l'autre route, celle de l'Oued-Dreimin, il gravit en contournant les mamelons qui l'en séparaient; puis, comme il arrivait sur les rives de l'Oued, il se trouva brusquement, fatalement, en face, au-dessus de la caravane, à la distance du jet d'une pierre.

Aussitôt, un des cavaliers, se détachant du groupe, partit au galop et alla prévenir les caïds restés en arrière.

Voici comment, en ce moment solennel, étaient groupés les divers auteurs du drame que nous allons raconter :

Sur la rive gauche de l'Oued sont les Tunisiens; à leur droite, le lit profond, encaissé, mais sans eau, de la rivière; il forme un large fossé aux berges escarpées, infranchissable à des chevaux; à leur gauche sont des mamelons rocheux, couverts d'alfa, d'un accès difficile. De l'Oued aux mamelons, la vallée mesure environ 80 mètres; devant eux, elle s'épanouit dans la direction du Djebel-Safsaf, qui leur ferme l'horizon. En arrière, à peu de distance, elle s'étrangle et devient une gorge. C'est par là que les goums, sans être vus, débouchent bientôt au galop de leur chevaux.

Les Ouled-Rhadouan sont au nombre de vingt-huit combattants, plus trois juifs et une femme; à l'exception des juifs, ils sont tous armés.

Sur l'autre rive de l'Oued se sont arrêtés les treize cavaliers Nemenchas; en arrière, à 3 ou 4 kilomètres, les caïds et les goums attendent au repos. Les Tunisiens ne peuvent voir ceux-ci, peut-être même, et c'est probable, n'ont il pas soupçon de leur présence. Il était près de cinq heures du soir.

Alors, Messieurs, que se passa-il? Comment et de quelle part s'entama l'action? Quels furent les agresseurs? D'où partit le premier coup de feu? Où la poudre parla-t-elle toute seule? Nous ne le saurons probablement jamais. Qui pourrait, en effet, soulever le voile qui a recouvert cette scène lugubre? Ceux qui y jouèrent un rôle n'ont-ils pas tous un intérêt à déguiser la vérité, et tous d'ailleurs ont-ils bien vu?

Si l'on entend les juifs épargnés par le destin, nul doute : les Tunisiens ne voulaient pas se défendre, c'est en *signe de soumission* qu'ils ont fait plier les genoux à leurs chameaux. L'attaque des goums a été immédiate, le massacre n'eut pas d'entr'acte, il a duré trois heures ! Les assaillants étaient plus de deux cents, ils ont donné en masse.

Le récit des quelques Tunisiens échappés au massacre se rapproche de celui des juifs, mais avec des nuances. Ces hommes sont braves ; ils ont leur fierté, il leur répugne de dire, ils n'admettent pas qu'ils ont pu avoir peur, ils ne nient pas qu'il y a eu lutte.

Les Nemenchas, et ils ont de bonnes raisons pour le dire, déclarent qu'ils ont été surpris par la vue des ennemis. C'est leur chef, toujours et encore Amara, qui, le premier, les reconnaît. A la façon des héros d'Homère, il les interpelle, il leur donne de bonnes paroles, il les engage à se hâter ! « Dépêchez-vous ! marchez vite ! » L'excellent homme ! c'était pour leur faire franchir la frontière et les attaquer au delà. Toujours prudent, toujours l'homme des précautions inutiles, cet Amara ! Malheureusement les Tunisiens ne comprennent pas ou *comprennent trop* ses intentions, ils lui répondent par des injures ; ils l'appellent « Grec ! » puis ils se mettent en défense derrière les chameaux ; ils tirent, ils blessent une jument, ils tuent un des cavaliers ; le combat est ouvert ; les éclaireurs le soutiennent, puis les goums arrivent et font le reste.

Pour nous, Messieurs, voici ce qui doit être le vrai ! ce qui est notre conviction, conviction puisée sur les lieux mêmes et après leur étude approfondie. La caravane, le groupe des éclaireurs ont pu, ont *dû* se trouver soudainement face à face, à quelques mètres de distance seulement. Après le premier moment de surprise, des paroles d'interrogations, puis de menaces, puis de mépris ont dû s'échanger ; de part et d'autres on se reconnaissait pour ennemis implacables ! D'un côté, les Hammamas ; de l'autre, des Nemenchas. Ceux-ci, toujours vaincus, toujours victimes, depuis les années mauvaises ; eux qui, avant, étaient des invincibles. Les premiers comptent vingt-huit fusils ; ils ne voient devant eux que treize cavaliers, ils ont le rempart de leurs chameaux, l'avantage du nombre, celui de la position ; les seconds savent leur force, ils tiennent une proie assurée, ils ont intérêt à ne pas presser l'attaque pour laisser au gros le temps d'accourir. Devant cette attitude des Nemenchas, les Ouled-Rhadouan peuvent croire à de la peur, ils ceignent leurs reins pour se préparer au combat ; la femme par ses cris les y invite ; ils font plier les genoux à leurs chameaux, non en guise de soumission, mais pour s'en faire un rempart, puis... La distance était bonne, un coup de feu éclate ! la poudre avait parlé... la lutte était engagée. Combien dura-t-elle? trois heures, disent les juifs ! Les malheureux, et il y avait de quoi, étaient si affolés par la peur, que le temps dut leur sembler bien long. Pour les Nemenchas, intéressés à faire croire à un combat en règle, celui-ci dura longtemps !

Pour nous, le drame dura le temps qu'il fallut aux goums restés en arrière pour franchir au galop, et appelés par la poudre, les trois kilomètres, peut-être les quatre qui les séparaient du champ de l'attaque. Ces cavaliers, conduits par Mohamed ben Ali, par le fils de Gabah, durent tourner au galop le coude qui cachait leur venue aux gens de la caravane, déboucher dans l'étroite vallée, et, s'étendant entre le ruisseau et les hauteurs de gauche, razzer leurs ennemis, comme l'ouragan déchaîné couche les épis dans la plaine.

En quelques minutes le crime fut consommé !

Messieurs, nous avons l'honneur de parler à des hommes de guerre; nous leur devons d'éviter à leur expérience, à leur bon sens, les puérils récits dont le drame de l'Oued-Mahouine n'avait pas besoin cependant, pour émouvoir et indigner les gens de cœur. Nous passerons donc sous silence ces épisodes écrits après coup et dans un but facile à comprendre! Tristes embellissements à l'adresse des intelligences faibles, qui font sourire les forts, et même ceux qui les écrivent; mais qui émeuvent les masses, frappent leurs imaginations et violentent leurs jugements! Négligeons donc les aventures et l'héroïsme de l'homme aux oreilles coupées! Aussi la fable des trois balles mises, une à une, dans la main du juif, on ne sait pas pourquoi, puis, passant dans le fusil d'El-Hafsi et allant frapper mortellement un de ces malheureux, tout ceci n'est pas digne de nous.

Mais voici ce qui s'était passé :

Au moment de l'attaque, les trois israélites, par instinct, avaient dû comprendre que leur place n'était pas parmi les combattants ; ils ne sont pas guerriers, ils sont commerçants ; les querelles des autres ne sont pas les leurs, ils ne doivent pas s'y mêler, ils ne s'y mêlent jamais, et c'est ce qui rend leur existence comme sacrée pour les Arabes; les tuer est un déshonneur. Les trois juifs ont donc dû se porter à l'écart en voyant les adversaires se préparer au combat ; ils auront gagné soit le lit encaissé et profond de la rivière où ils eussent été à l'abri des balles, soit les mamelons de gauche ; de leur refuge ils auront assisté à toutes les péripéties de l'action et vu passer l'ouragan des cavaliers sur leurs malheureux compagnons de route.

Alors, et comme les meurtriers revenaient sur leurs pas pour fouiller le champ du meurtre, achever les blessés, dépouiller les morts, couper des têtes, ils auront été aperçus par qui, d'abord ? Sans doute par Salah ben Redjeb, qui avait tout intérêt à les découvrir ; aussi et toujours par Amara qui en dépose, qui leur a demandé tout d'abord s'ils avaient de l'argent ; aussi encore par les deux caïds qu'ils ont parfaitement reconnus ; enfin par El Hafsi ben Gabah, qui, pour venger son père, avait tué, tuait et voulait tuer le plus possible.

El Hafsi, qui ne les reconnaît pas pour juifs, car rien dans leur costume ne les distingue, les charge aussitôt et renverse d'un coup de feu le malheureux Nani ; puis, quand il revient sur les deux autres, il trouve ceux-ci abrités derrière Salah, tandis qu'Amara, lui, est à la recherche des animaux porteurs des biens des juifs. Les caïds sont là aussi : l'un, Mohamed, se montre bienveillant et leur promet la vie sauve ; l'autre, c'est Belkassem, il est cruel, il les repousse sans pitié, durement. El Hafsi apprend alors sa honte, car il vient de se souiller du sang d'un juif, et il se retire, lui, l'homme fier et brave à l'excès, sous les reproches, peut-être sous les injures d'un Salah ben Redjeb.

Plus tard, Messieurs, quand nous reprendrons les accusés un à un, pour faire la part de chacun d'eux, nous reviendrons sur ces faits, et nous dirons les motifs de l'humanité de Salah ben Redjeb ; vous les devinez déjà.

Cependant tout était fini ! Massacrer vingt-quatre ou vingt-cinq individus, achever les blessés, les dépouiller, poursuivre les fuyards, ramasser les armes et le menu butin, n'avait pas demandé beaucoup de temps à cent-vingt cavaliers. La nuit approchait, l'eau manquait, aussi les vivres ; il fallait revenir coucher à Elma-el-Abiod. Le caïd Mohamed avait sans doute de bonnes raisons pour ne pas autoriser le partage sur place du chargement des bêtes de somme ; il donna l'ordre de les rassembler, en confia la garde à ses hommes, à ses dévoués, à ses Deïras ; puis, les faisant chasser devant lui, il tourna le dos à ce champ d'horreur où il abandonnait aux bêtes fauves et aux oiseaux de proie les cadavres mutilés de vingt-quatre de ses semblables. Des trente-deux êtres humains qui, la veille, pleins de vie, avaient quitté Tébessa, sept ou huit seulement devaient revoir la patrie !

On arriva dans la nuit à Elma-el-Abiod et l'on y coucha ; mais, avant le repos, Mohamed a pris des précautions nouvelles ; les cavaliers du goum doivent coucher à l'écart, les animaux de prise sont parqués en dehors du campement et sous la garde des Deïras-Brarchas ; au jour, et par excès de précaution, les cavaliers furent fouillés.

Or, pourquoi ces précautions? Pourquoi cette dérogation à l'usage, qui veut que le partage soit fait sur place, entre tous, après l'action ? Le bon sens répond : c'est que sur les animaux des juifs, dans leurs bâts, dans leurs charges, le caïd Mohamed, son frère Amara, son oncle Salah soupçonnaient de l'or en sommes considérables... Hâtons-nous cependant de le dire, car il faut être juste et toujours juste, il n'a pas été possible de retrouver des traces de cet or. L'accusation les a cherchées en vain ; à peine en a-t-elle trouvé quelques traces dans une déposition au sujet de certaines dépenses de Salah ben Redjeb... Que faut-il en conclure ? Ou que Mohamed et ses complices ont bien pris leurs précautions, ou que les sommes n'ont existé que dans l'imagination et les réclamations des juifs, ou bien que ceux-ci ont pu les faire disparaître pendant le combat.

Entre ces trois hypothèses, il serait difficile de choisir. Mais qu'importe, Messieurs, pour le crime que vous devez punir, de savoir s'il a, oui ou non profité aux coupables, et comme ceux-ci l'espéraient.

Ceux qui ont tué pour voler sont-ils moins criminels quand ils n'ont laissé que du sang là où ils comptaient trouver de l'or ?

Mais hâtons, Messieurs, la fin de ce récit. Les cavaliers, après avoir été fouillés le 16 au matin, furent renvoyés à leurs douars ; les prises, sous la surveillance spéciale d'Amara, furent dirigées sur Coraize ; les deux caïds, Salah ben Redjeb et quelques cavaliers se rendirent à Tébessa. El Hafsi les y avait précédés. Tous y arrivèrent en gens satisfaits, aux consciences tranquilles ! Les caïds prennent le chemin du commandement et du bureau arabe, les autres vont par la ville, ne se cachant guère de leurs exploits. Ils ont, disent-ils, rencontré les Hammamas, il y a eu combat, ils ont tout tué !

Que s'était-il, cependant, passé chez le commandant supérieur et au bureau arabe ?

Dans leurs récits, dans leurs lettres, mais dans celles seulement écrites après leur fuite et quand ils étaient déjà en cause, les accusés affirment qu'il leur fut fait un bon accueil. « Le commandant parut satisfait, » cependant ils ne disent rien, absolument rien de ce qui se passe au bureau arabe.

D'après l'accusé Sériziat, c'est précisément le contraire qu'il faut croire. Il avait fait au caïd Mohamed les plus vifs reproches, il lui avait montré l'abîme ouvert sous ses pas.

Au bureau arabe, M. de Boyat, plus brusque, et c'est dans son caractère, aurait repoussé *du pied* la main que lui tendait Belkassem ben Naceur, avec ces mots : « Je ne donne pas la main à un sale assassin !

Où est le vrai entre ces deux versions ? L'accusation semble pencher pour la première; elle reproche au commandant Sériziat de s'être promené avec les coupables, de s'être montré au cercle avec eux, d'avoir pris leur parti dans la querelle avec l'agent Sotto, enfin et surtout de n'avoir pas sévi, et, au lieu de frapper, de les avoir couverts en trompant sciemment l'autorité supérieure sur des faits qu'il ne connaissait que trop.

Ces reproches sont graves. Ce sera à vous, Messieurs, d'apprécier si les explications données par le commandant Sériziat sont de nature à en faire disparaître l'importance.

Messieurs, il nous a semblé que nous devions arrêter ici cette analyse, ce récit des faits qui constituent, dans leur ensemble, le crime que nous avons mission de poursuivre ; nous avons pris ces faits au 8 avril, nous les avons conduits jusqu'au 16, c'est-à-dire au lendemain de la perpétration du crime.

La dernière partie du réquisitoire de M. le commissaire impérial spécial a été consacrée à la discussion des faits à la charge de chacun des accusés. Puis, il a terminé en ces termes :

Messieurs, les faits sur lesquels vous allez prononcer furent horribles. Cependant, isolés des milieux dans lesquels ils ont été accomplis, ils ne dépasseraient pas la mesure de ces drames affligeants, trop nombreux dans ces pays où sévit la barbarie la plus sauvage pour être trop remarqués, et dont la curiosité et les passions s'alimentent un jour pour les oublier le lendemain. D'où donc est venu ce retentissement inusité ? C'est que la politique avec sa passion a envahi ce procès et y a pénétré de tous les côtés.

Et ceci, au lendemain d'un vote mémorable et de promesses descendues de bien haut, qui devraient être l'aurore d'un apaisement sur lequel nous comptions, sur lequel nous voulons compter encore !

Messieurs, bientôt vous aurez à rendre à ce procès sa vérité et ses justes proportions. Vous ne chercherez, pour le faire, vos inspirations que dans les débats qui ont été conduits devant vous. Votre tâche ne sera pas difficile. Il n'en est pas de difficile pour des hommes comme vous. Vous serez fermes, impartiaux. Votre verdict sera un écho fidèle de votre conscience. Il sera reçu par tous, nous l'affirmons, avec respect et comme une œuvre de justice, de pacification salutaire pour cette Algérie que nous aimons tant, que nous aimons tous, et qui doit être et qui sera désormais la fille ainée, la fille bien-aimée de notre chère France.

Les plaidoiries ont duré deux jours.

Me Gillotte, du barreau de Constantine, a présenté la défense du caïd Belkassem ben Naceur.

M. le commandant Sériziat a été défendu par Me Olivier, du barreau de Bone.

Me Lucet, avocat à Constantine, a plaidé pour Salah ben Redjeb et pour Amara ben Ali.

Me Jules Favre a soutenu la cause d'El Hafsi ben Gabah.

Les défenseurs des accusés arabes se sont tous placés sur le même terrain. Ils ont conclu à l'acquittement de leurs clients, parce que ceux-ci n'auraient fait qu'obéir à des ordres reçus du commandement. La responsabilité de ces ordres, dont l'existence n'a d'ailleurs pu être prouvée, n'a pas été rejetée tout entière sur M. Sériziat. On s'est efforcé de démontrer que cet officier lui-même s'était conformé aux instructions de ses supérieurs. C'était donc la politique même du gouvernement général qui se trouvait en cause, et c'était en effet tout ce que l'on avait voulu. Me Jules Favre a déclaré formellement, tout en défendant son client, qu'il porterait le débat dans une autre enceinte. L'opposition algérienne ne demandait pas autre chose, et le procès n'a été pour elle que la préparation d'une discussion politique.

Mes Jules Favre, Lucet et Gillotte se sont prononcés eux-mêmes pour l'acquittement demandé par Me Olivier. Le verdict du conseil de guerre a été conforme à ces conclusions unanimes de la défense, et l'auditoire a accueilli par des applaudissements cet acte de justice, qui a été un soulagement pour la conscience publique.

Le Corps législatif aura vraisemblablement à apprécier les enseignements qui sont sortis des débats. La discussion ira au fond des choses, la vérité se fera jour, et l'on verra alors si le fatal événement de l'Oued-Mahouine ne doit pas être imputé uniquement à la situation du pays qui en a été le théâtre ; si cette situation a été créée par la politique du gouvernement, ou si elle n'est pas l'œuvre des siècles, c'est-à-dire une de celles dont la modification dépend plutôt du temps que de la sagesse et de la bonne volonté du pouvoir.

Paris, impr. Paul DUPONT, rue Jean-Jacques-Rousseau, 41. (2266.6.70).

IMPRIMERIE ADMINISTRATIVE DE PAUL DUPONT

41, RUE J.-J.-ROUSSEAU (HÔTEL DES FERMES)

www.ingramcontent.com/pod-product-compliance
Ingram Content Group UK Ltd.
Pitfield, Milton Keynes, MK11 3LW, UK
UKHW012241240726
13966UKWH00003B/1225